TEMPO E ATO NA PERVERSÃO

COLEÇÃO "CLÍNICA PSICANALÍTICA"

Títulos publicados

1. Perversão	Flávio Carvalho Ferraz
2. Psicossomática	Rubens Marcelo Volich
3. Emergências Psiquiátricas	Alexandra Sterian
4. Borderline	Mauro Hegenberg
5. Depressão	Daniel Delouya
6. Paranoia	Renata Udler Cromberg
7. Psicopatia	Sidney Kiyoshi Shine
8. Problemáticas da Identidade Sexual	José Carlos Garcia
9. Anomia	Marilucia Melo Meireles
10. Distúrbios do Sono	Nayra Cesaro Penha Ganhito
11. Neurose Traumática	Myriam Uchitel
12. Autismo	Ana Elizabeth Cavalcanti Paulina Schmidtbauer Rocha
13. Esquizofrenia	Alexandra Sterian
14. Morte	Maria Elisa Pessoa Labaki
15. Cena Incestuosa	Renata Udler Cromberg
16. Fobia	Aline Camargo Gurfinkel
17. Estresse	Maria Auxiliadora de A. C. Arantes Maria José Femenias Vieira
18. Normopatia	Flávio Carvalho Ferraz
19. Hipocondria	Rubens Marcelo Volich
20. Epistemopatia	Daniel Delouya
21. Tatuagem e Marcas Corporais	Ana Costa
22. Corpo	Maria Helena Fernandes
23. Adoção	Gina Khafif Levinzon
24. Transtornos da Excreção	Marcia Porto Ferreira
25. Psicoterapia Breve	Mauro Hegenberg
26. Infertilidade e Reprodução Assistida	Marina Ribeiro
27. Histeria	Silvia Leonor Alonso Mario Pablo Kuks
28. Ressentimento	Maria Rita Kehl
29. Demências	Delia Catullo Goldfarb
30. Violência	Maria Laurinda Ribeiro de Souza
31. Clínica da Exclusão	Maria Cristina Poli
32. Disfunções Sexuais	Cassandra Pereira França
33. Tempo e Ato na Perversão	Flávio Carvalho Ferraz
34. Transtornos Alimentares	Maria Helena Fernandes

35. Psicoterapia de Casal	Purificacion Barcia Gomes e Ieda Porchat
36. Consultas Terapêuticas	Maria Ivone Accioly Lins
37. Neurose Obssesiva	Rubia Delorenzo
38. Adolescência	Tiago Corbisier Matheus
39. Complexo de Édipo	Nora B. Susmanscky de Miguelez
40. Trama do Olhar	Edilene Freire de Queiroz
41. Desafios para a Técnica Psicanalítica	José Carlos Garcia
42. Linguagens e Pensamento	Nelson da Silva Junior
43. Término de Análise	Yeda Alcide Saigh
44. Problemas de Linguagem	Maria Laura Wey Märtz
45. Desamparo	Lucianne Sant'Anna de Menezes
46. Transexualismo	Paulo Roberto Ceccarelli
47. Narcisismo e Vínculos	Lucía Barbero Fuks
48. Psicanálise da Família	Belinda Mandelbaum
49. Clínica do Trabalho	Soraya Rodrigues Martins
50. Transtornos de Pânico	Luciana Oliveira dos Santos
51. Escritos Metapsicológicos e Clínicos	Ana Maria Sigal
52. Famílias Monoparentais	Lisette Weissmann
53. Neurose e Não Neurose	Marion Minerbo
54. Amor e Fidelidade	Gisela Haddad

Coleção Clínica Psicanalítica
Dirigida por Flávio Carvalho Ferraz

TEMPO E ATO NA PERVERSÃO

Flávio Carvalho Ferraz

Casa do Psicólogo®

1ª edição
2005

2ª edição Revisada
2010

Editores
Ingo Bernd Güntert e Juliana de Villemor A. Güntert

Assistente Editorial
Aparecida Ferraz da Silva

Editoração Eletrônica e Produção Gráfica
Fabio Alves Melo

Revisão
Juliana de Villemor A. Güntert

Revisão Gráfica
Aparecida Ferraz da Silva e Fabio Alves Melo

Projeto Gráfico da Capa
Yvoty Macambira

Dados Internacionais de Catalogação na Publicação (CIP)
(Câmara Brasileira do Livro, SP, Brasil)

Ferraz, Flávio Carvalho
Tempo e ato na perversão / Flávio Carvalho Ferraz. -- 2. ed. -- São Paulo : Casa do Psicólogo®, 2010. -- (Coleção clínica psicanalítica / dirigida por Flávio Carvalho Ferraz)

Bibliografia.
ISBN 978-85-62553-35-6

1. Perversões sexuais 2. Psicanálise 3. Sexo (Psicologia) I. Título. II. Série.

10-05878 CDD-155.3

Índices para catálogo sistemático:
1. Perversão : Tempo e ato : Psicologia sexual
155.3

Impresso no Brasil
Printed in Brazil

Casapsi Livraria e Editora Ltda.
Rua Santo Antônio, 1010
Jardim México • CEP 13253-400
Itatiba/SP – Brasil
Tel. Fax: (11) 4524.6997
www.casadopsicologo.com.br

Sumário

Prefácio

Quando observo que tudo quanto cresce
Desfruta da perfeição de um só momento,
Que neste palco imenso se obedece
A secreta influição do firmamento;
Quando percebo que ao homem, como à planta,
Esmaga o mesmo céu que lhe deu glória,
Que se ergue em seiva e, no ápice, aquebranta
E um dia enfim se apaga da memória:
Esse conceito da inconstante sina
Mais jovem faz-te ao meu olhar agora,
Quando o Tempo se alia com a Ruína
Para tornar em noite a tua aurora.
E crua guerra contra o Tempo enfrento,
Pois tudo que te toma eu te acrescento.
William Shakespeare

No final de *Perversão*, livro a que este dá continuidade, Flávio Carvalho Ferraz retomava a posição de Masud Khan, para quem na perversão seria possível reconhecer "rudimentos de potencialidade criativa e simbólica", suscetíveis de serem aproveitados em análise na conquista de uma maior integração *egoica*. Assim, apesar dos grandes riscos da empreitada psicanalítica com esse quadro clínico, Flávio defendia o seu enfrentamento – explicava ele – menos por indicações técnicas do que por uma disposição ética. Naquele momento, a afirmação era pelo fazer, mesmo que os apoios não fossem tantos. O trabalho que o leitor tem agora em mãos procura trazer elementos adicionais de inteligência e sensibilidade para essa difícil clínica.

Trata-se, então, de aceitar o desafio do perverso? Sim, mas no sentido de perceber nele um sintoma da transferência. O livro começa, portanto, discutindo características transferenciais da perversão, ou, para ser mais exato, mostrando como a teoria psicanalítica sobre o tema desenvolveu-se principalmente na direção de discernir uma especificidade da transferência dessa configuração psíquica. Recapitulando autores kleinianos (Donald Meltzer, Beth Joseph) e lacanianos (Jean Clavreul, Guy Rosolato), Flávio mostra que essas escolas têm, curiosamente, visões convergentes quanto a isso. Tornou-se possível, daí, falar em "perversão de transferência" (Donald Meltzer, Horacio Etchegoyen), ou seja, em uma patologia estabelecida no campo terapêutico, ameaçadora de seu propósito, mas também oportunidade para a análise e elaboração.

A perversão, portanto, não se definiria somente pela sua sintomatologia. Mas seria possível abdicar completamente desta e, com isso, evitar o incômodo critério de "desvio sexual" com que se classificam os sintomas da perversão? Tal questão organiza a primeira parte do texto, mostrando as armadilhas envolvidas em cada uma das respostas possíveis: a psiquiatrização da terapêutica na ênfase excessiva aos sintomas; ou a *recusa* a dar atenção a eles, com efeitos potencialmente traumáticos para o paciente, em função do não reconhecimento de sua narrativa. A saída para a qual Flávio aponta permite equacionar esses dois fatores, como se verá na discussão de uma sessão de Júlio, paciente do autor.

A *recusa* (*Verleugnung*), mecanismo que havia sido objeto de análise no livro anterior, é retomada na segunda parte deste, mas agora para o aprofundamento de uma particularidade, que é a recusa do tempo, de incidência importante na perversão. Como é possível recusar o tempo? Referenciado sobretudo nos trabalhos de Georges Lanteri-Laura e Janine Chasseguet-Smirgel, o texto apresenta as diversas maneiras em que isso ocorre, mas mostra também que se trata de um recurso de importância constitutiva para o psiquismo, cuja ocorrência é bem-vinda em certo momento, embora se torne um dispositivo patológico, caso prolongada a sua ação. Nesse caso, participaria de diversas configurações psicopatológicas, como psicose, autismo, *borderline,* além da própria perversão.

Flávio recorre a Kant para discutir os efeitos da recusa do tempo na operação dos processos psíquicos secundários, como o princípio de realidade. Compreende-se, com a exposição, como o impacto dessa recusa não se restringirá ao funcionamento desse princípio, chegando mesmo a atingir a sua estrutura. Ora, sabemos que Freud fez restrições à teoria kantiana de que o espaço e o tempo eram formas, *a priori,* de nossa sensibilidade, ou seja, condições necessárias para a percepção, argumentando que o inconsciente não se estruturava segundo tais referentes, prescindindo deles. Mas descobrimos neste *Tempo e Ato* que a filosofia kantiana pode ser útil para entendermos processos pré-conscientes/egoicos, pelo contraste com os prejuízos encontrados na perversão.

Não que o conflito contra o tempo seja assunto resolvido na neurose, posto que a inconformidade com a sua ação, o sofrimento pela espera e o horror pelos seus efeitos sobre os corpos e sobre a vitalidade parecem só crescer e espalhar-se em nossa época: a aceitação de sua ação castradora é sempre difícil. Entretanto, a sua ausência parece ser ainda pior. No mito grego, foi Cronos quem castrou Urano, o céu, cujo coito ininterrupto com Gaia, a terra, impedia que os filhos, engendrados em seu ventre, pudessem vir à luz. Separados céu e terra, abriu-se o espaço necessário para o nascimento, e daí para a sucessão das gerações; na ausência do tempo, esta parece ser a ideia, a vida não consegue desenvolver-se. No conto "O Imortal", de Jorge Luís Borges, os humanos que tinham encontrado o elixir da longevidade foram gradativamente se paralisando, sem motivo para qualquer ação ou movimento.

De todo modo, as divindades servem de contraponto às angústias que sentimos diante dos limites humanos; elas são o positivo daquilo que em nós aparece como negatividade (falhas, impossibilidades). Na terceira e última parte, Flávio compara a perversão com a neurose obsessiva, fazendo-lhes um paralelo com as religiões. Foi Freud quem deu a pista, ao comparar a neurose obsessiva a uma religião privada. Guy Rosolato e Janine Chasseguet-Smirgel seguiram o caminho, associando a perversão a um tipo de religião diferente das clássicas, ritualizadas, como o antigo gnosticismo. As diferenças entre esses dois tipos são mostradas pelo que acenam seja em relação ao saber (aliás, a tentação fundamental de Adão), seja em relação ao fazer (o que um homem pode se permitir).

A posição perversa, tal como a gnóstica, parece crer na possibilidade de deter um saber exclusivo, assim como na de ter acesso a um poder especial. Em contraste, os atos obsessivos, assim como a experiência mística numa religião ritualizada, não se caracterizam por privilégios nem facilidades; ao contrário, parecem apresentar-se como o mais difícil dos caminhos (também como em *Se eu quiser falar com Deus*, de Gilberto Gil). Num caso, portanto, tem-se a exceção à regra e a promessa de realização; no outro, o império da lei e a falta de garantias. Eis as balizas que serão usadas para que o autor discuta o estatuto do ato perverso comparado ao ritual obsessivo, mostrando a sua diferença metapsicológica.

É curioso que este livro tenha se seguido a *Normopatia: sobreadaptação e pseudonormalidade*, na sequência de trabalhos publicados do autor. Nada parece mais distante, se tomados no eixo sintomatológico, do que esses dois modos de funcionamento psíquico. E, no entanto, ambos têm em comum o fato de serem arranjos não neuróticos, aos quais Flávio tem se dedicado. "Tijolo por tijolo", sua contribuição vem se fazendo, articulando-se às de outros autores, num esforço que é típico da ciência: sem revelações salvadoras, não nos mostra como curar patologias de forma instantânea, mas faz diferença para quem se dedica a tratar desta forma particular de sofrimento humano (avesso ao da normopatia) vinculado à ilusão de ser um caso especial de toda a humanidade.

Sidnei José Casetto
São Paulo, setembro de 2005

Apresentação

A perversão tem sido objeto de estudo para mim desde o trabalho de pós-doutoramento[1], finalizado em 2001, do qual resultou o livro *Perversão*, primeiro volume desta Coleção "Clínica Psicanalítica". O tema daquele livro foi particularmente o próprio conceito de perversão na teoria psicanalítica, visto desde Freud até autores pós-freudianos que se voltaram a esse assunto, como Robert Stoller, Janine Chasseguet-Smirgel, Joyce McDougall, Masud Khan, Hugo Bleichmar e Otto Kernberg.

Neste livro, busquei complementar algumas questões, a meu ver essenciais, que haviam ficado de fora do primeiro trabalho. Freud definiu a perversão a partir de seu eixo sintomatológico, representado pelas perversões sexuais. Entretanto, a psicanálise, seja na corrente inglesa, seja na francesa, desenvolveu outro eixo da definição de perversão – o eixo propriamente clínico, eu diria – que foi a exploração da modalidade de transferência que os pacientes perversos estabelecem na situação analítica, com todas as dificuldades e impasses dela resultantes para a

[1] Este trabalho de pós-doutoramento, intitulado "Matizes da clínica psicanalítica: a questão da perversão", foi realizado no Núcleo de Psicanálise do Programa de Estudos Pós-Graduados em Psicologia Clínica da Pontifícia Universidade Católica de São Paulo, sob a supervisão do Prof. Dr. Renato Mezan, com apoio da Fundação de Amparo à Pesquisa do Estado de São Paulo (Fapesp).

análise e para o analista. Pois bem, o caminho que vai do eixo sintomatológico ao transferencial é objeto da primeira parte deste livro, que se encerra com uma vinheta clínica – "caso Júlio" – por meio da qual procurei demonstrar como se dá efetivamente a chamada "perversão de transferência", expressão utilizada por Donald Meltzer, numa analogia com a "neurose de transferência" freudiana, para falar desse modo particular e complexo de transferência específico da perversão.

Na segunda parte, discuto uma particularidade do mecanismo da recusa (*Verleugnung*), que é a "recusa do tempo" na perversão. O conceito de recusa surgiu, em Freud, atrelado à questão da castração. Da "recusa da castração", no entanto, passou-se muitas vezes a se falar, de modo mais genérico, em "recusa da realidade". Pois bem, levando em conta a importância da recusa à temporalidade na problemática perversa, por um lado, e, por outro, a participação essencial do fator tempo na composição da realidade – verificada, por exemplo, no acesso ao processo secundário – propus uma discussão sobre a recusa do tempo de um modo geral. Defendo a ideia de que a recusa do tempo transcende a problemática perversa, abrangendo o autismo, as formações *borderlines*, certas modalidades de ansiedade e até mesmo a chamada "normalidade", em especial a contemporânea.

Na terceira e última parte, explorei a questão do *acting out* na perversão, por meio de uma comparação sistematizada desta com a neurose obsessiva. Se em ambas as formações as ações se fazem necessárias, tentei discutir a diferença estrutural que existe entre elas. Na perversão, o ato é aquilo que, em psicanálise, se chamou, com propriedade, de *acting out*, uma forma de ato que, sendo basicamente uma descarga, não comporta nenhuma dimensão simbólica. Na neurose obsessiva, ao contrário, a ação se reveste de um simbolismo que em tudo se estrutura propriamente como sintoma neurótico, no sentido estrito. A partir dessa comparação se evidencia como as formações psicopatológicas decorrentes do recalcamento se diferenciam daquelas decorrentes da recusa, exigindo cada uma delas uma abordagem clínica distinta e apropriada.

Na empreitada que foi a elaboração dessas ideias e a subsequente escrita, recebi o apoio constante dos amigos Decio Gurfinkel e José Carlos Garcia, aos quais agradeço pela disponibilidade para a interlocução e pela leitura atenta e crítica do texto original. Agradeço igualmente a Sidnei José Casetto pelo prefácio.

São Paulo, junho de 2005
F.C.F.

1.

Do desvio sexual à perversão de transferência

Eixos de definição da perversão: o sintomatológico e o transferencial

A figura da perversão tem sido caracterizada na literatura psicanalítica por meio de dois eixos distintos, mas articulados clínica e metapsicologicamente. Esses eixos se encontram presentes tanto na vertente inglesa da psicanálise como na vertente francesa de inspiração lacaniana, ainda que descritos a partir de um referencial teórico e de um vocabulário conceitual diferentes, como não poderia deixar de ser. Ao primeiro poderíamos chamar de eixo *sintomatológico*, e, ao segundo, de eixo *transferencial*. Meu objetivo aqui é o de definir cada um deles, discutindo o modo como estão presentes nas duas vertentes da psicanálise e o peso que adquirem em cada uma delas. A pergunta que motiva esta investigação é: até que ponto esses eixos podem coexistir em uma dada definição de perversão?

Ou seja: se definirmos a perversão com ênfase em um deles chegaremos a uma mesma figura conceitual a que chegaríamos se enfatizássemos o outro eixo? Seria possível que, ao assumir um desses eixos como central, acabássemos por definir uma figura conceitual em que a presença do outro eixo fosse cabível?

O primeiro dos eixos – mais antigo ou mesmo original – está presente na definição freudiana da perversão, cujas linhas básicas já estavam claramente traçadas por Freud, em 1905, nos "Três ensaios sobre a teoria da sexualidade", e reiteradas na conferência XXI das "Conferências introdutórias sobre psicanálise" ("O desenvolvimento da libido e as organizações sexuais"), em 1917. A perversão é aí concebida, para dizer de modo sintético, como um *desvio sexual*. Mesmo considerando que a abordagem feita por Freud é francamente crítica à sexologia do século XIX, esse modelo ainda marca seu vocabulário e define o recorte que ele faz do fenômeno; o próprio termo "perversão" foi dela retirado[2]. A perversão traz, assim, a rubrica das "aberrações" e da "inversão" sexuais, cuja causa repousaria em uma fixação infantil num estágio pré-genital da organização libidinal[3], que impede as diversas correntes da sexualidade de

[2] Em outras oportunidades tracei um histórico detalhado da concepção de perversão na obra de Freud, indicando inclusive as fontes precedentes na sexologia do século XIX e a história do emprego do próprio termo "perversão". Ver o artigo "Uma breve revisão da noção de perversão na obra de Freud" (Ferraz, 2000c) e o livro Perversão, nesta mesma coleção, particularmente capítulos 1 ("Considerações iniciais") e 2 ("A perversão na obra de Freud").

[3] É bem verdade que, de acordo com o modo como se lê a obra de Freud, esta "fixação infantil" pode ser encarada como uma vicissitude transferencial "constitutiva", que antecipa, em sua obra, o ponto de vista posterior que dará ênfase ao

se aglutinarem sob o eixo ordenador da genitalidade. Freud assenta sua compreensão sobre uma base comparativa entre neurose e perversão, formulando o conhecido axioma em que a primeira será vista como uma espécie de "negativo" da segunda.

Posteriormente, a compreensão da perversão vai ganhando um refinamento metapsicológico. Primeiramente, nos anos iniciais da década de 1920, quando entra em cena a teoria estrutural do complexo de Édipo, e então a perversão pode ser vista como decorrente do mecanismo da recusa (*Verleugnung*), numa saída para o conflito edípico contraposta à dissolução do mesmo pela via do recalcamento (*Verdrangung*), que, por seu turno, assinala a formação neurótica. Mais tarde, com o desvendamento da lógica do fetichismo (Freud, 1927), a recusa articula-se à consequente dissociação (*Spaltung*) do *ego*, esclarecendo a atitude ambígua do sujeito da perversão diante da realidade da castração. Entretanto, isso não muda em essência o eixo freudiano da definição de perversão, que permanece sendo o sintomatológico; a abordagem do fenômeno pela via do fetichismo retoma, ainda que em outras bases, o problema do desvio sexual que se colocava em primeiro plano nos "Três ensaios". É evidente, contudo, que a postulação ulterior dos mecanismos da recusa e da dissociação tenha aberto o caminho para outra forma de abordagem do fenômeno, que veremos adiante.

---

que aqui chamo de "eixo transferencial" da definição de perversão. Agradeço a José Carlos Garcia por este comentário, em comunicação pessoal.

Antes, porém, importa-nos registrar que a definição da perversão pela sintomatologia ("desvios" sexuais) guarda exatamente a mesma lógica presente na definição da neurose ou da psicose através dos seus sintomas (conversões, obsessões e medos, nas neuroses, ou delírios e alucinações, nas psicoses). Afinal, como se poderia postular uma categoria psicopatológica desprezando toda e qualquer exigência fenomenológica? Muitos dos autores – inclusive contemporâneos – que viriam a trabalhar sobre o campo da perversão não deixaram de levar em conta o sintoma expresso do paciente, mesmo compreendendo o "desvio sexual" sobre outras bases morais ou psicopatológicas[4]. É assim que faz, por exemplo, Joyce McDougall (1992 e 1995), ainda que prefira o termo *neossexualidade*, de sua lavra, à palavra *perversão*. O problema do *desvio sexual*, contudo, não deixa de estar presente como elemento central da definição, apesar das nuances por ela enfatizadas[5].

O segundo eixo presente na definição de perversão, ao qual chamei de *transferencial*, resulta dos desdobramentos do conceito de "transferência" tanto na escola kleiniana como na lacaniana. A importância assumida por esse eixo tem, portanto, uma dupla determinação na história do movimento

[4] O problema da contaminação moral no estudo da perversão, embora seja relevante, não será nosso objeto neste trabalho. Sobre a questão, ver o artigo "Perversão, perversidade e normalidade: diagnóstico e considerações terapêuticas", de Otto Kernberg (1998), e o capítulo 1 ("Considerações iniciais") do meu livro *Perversão*, nesta mesma coleção.

[5] Poderíamos, do mesmo modo, citar Gillespie (1952), Khan (1979), Stoller (1975), Chasseguet-Smirgel (1984) e Kernberg (1998).

psicanalítico. Na escola kleiniana, ela se deve à centralidade assumida pela transferência no trabalho clínico, tornando-se o objeto mesmo da interpretação psicanalítica. Na escola lacaniana, o chamado "diagnóstico estrutural", como veremos, assenta-se sobre a modalidade da transferência estabelecida pelo paciente, ligando-a diretamente ao posicionamento psíquico do sujeito diante da castração.

Esse eixo transferencial da descrição da perversão, dependendo da escola e do autor que o aborda, pode tanto estar mais claramente associado ao eixo sintomatológico como dele se distanciar, chegando, por vezes, a impor-se como parâmetro exclusivo para o diagnóstico. Ainda que Freud não tenha associado explicitamente a perversão a uma modalidade de transferência que lhe fosse correspondente, é possível afirmar que esse eixo componente "transferencial" tenha esteio na sua obra. Isto se dá particularmente nos trabalhos posteriores aos "Três ensaios", quando a distinção entre o recalcamento e a recusa já estava bastante esclarecida, como no artigo de 1927 sobre o fetichismo. Na escola lacaniana é exatamente a distinção entre esses mecanismos (além da rejeição, ou *Verwerfung*) que possibilita e fundamenta a categorização estrutural dos quadros psicopatológicos, consagrando a tríade neurose, psicose e perversão, cuja etiologia passará necessariamente pela resposta do sujeito diante da ameaça de castração.

Tomarei aqui um trabalho de Jean Clavreul (1967) como base para descrever a concepção de perversão adotada pela escola lacaniana, centrada prioritariamente na modalidade de transferência estabelecida na situação analítica. Em uma descrição bastante acurada do fenômeno transferencial observado na clínica psicanalítica da perversão, Clavreul acusa a presença de uma demanda "estranha" e "ambígua" por parte do paciente, afirmando que "o que ela comporta de *desafio*[6] não pode deixar de aparecer, e as aparências corteses que geralmente os perversos fingem não enganam por muito tempo" (p. 137). Toda a transferência perversa impregna-se por um desafio, aberto ou velado, sendo que o discurso sobre o amor comporta sempre um ar de "rebelião". Qual seria o papel então destinado ao analista?

> Vem o perverso procurar junto a nós uma proteção contra os eventuais problemas médico-legais, tentando assim reduzir-nos ao papel cúmplice do protetor? Ou procura aos olhos terceiros provar sua boa vontade? Vem procurar em sua análise imagens escabrosas adequadas para melhorar o comum de suas práticas perversas? Ou, ainda, quer se livrar de determinada perturbaçãozinha que o incomoda enquanto permanece firmemente decidido a não modificar nada do essencial? (Clavreul, 1967, p. 137)

Essa situação pode, na prática, criar uma cilada para o analista, que poderia ser expressa, *grosso modo*, pelo seguinte conflito: situa-se o analista como apoio para um desejo de

[6] Grifo meu.

cura que pressupõe a supressão das práticas perversas? Isso, naturalmente, o colocaria numa posição moralizante, contrária à neutralidade analítica. Concordaria o analista em dar importância secundária ao sintoma, privilegiando a análise como um objetivo em si mesmo? Isso sugeriria uma aceitação tácita da prática perversa, reduzindo a análise à pura condição de pesquisa, o que poderia levar o analista a ocupar o lugar de *voyeur*. Ou seja, o que pode suceder é que o analista se veja "reduzido ou a uma posição moralizante ou a uma posição perversa, com uma grande facilidade de passar de uma a outra, o que não é surpreendente quando se sabe das analogias estruturais dessas duas posições" (p. 138-139), conforme conclui Clavreul.

Em síntese, o que a abordagem lacaniana aponta como eixo diagnóstico da perversão é precisamente a predominância do *desafio* como fenômeno transferencial, implicando uma não outorgação da função analítica ao analista, postura em tudo contrária ao posicionamento neurótico perante o "suposto saber" do analista. O que está em jogo para que assim se dê é, sobretudo, a *recusa do outro*, para além da recusa da realidade. Recusando-se a ser tratado como um neurótico, o perverso busca, na situação analítica, restabelecer as "referências fundamentais da estrutura", numa expressão de Clavreul (p. 141).

Para Guy Rosolato (1967), outro autor da escola lacaniana, o que o perverso busca nessa operação de desafio é renegar a lei do pai e substituí-la pela lei do seu desejo, o que significa, dito de outra forma, livrar-se de uma constatação cujo corolário seria o reconhecimento da diferença entre os sexos[7] e o acesso à ordem simbólica. Ele compara essa postura fetichista àquela culturalmente presente no gnosticismo, numa oposição à renúncia peculiar ao obsessivo, que poderia ser comparada àquela presente nas religiões de tradição ritualizada[8].

A caracterização da perversão por meio da modalidade da transferência estabelecida pelo paciente também está presente na escola inglesa. Donald Meltzer (1979), valendo-se da expressão "perversão de transferência", descreve esse fenômeno clínico afirmando que os perversos "farão um esforço conjunto em determinadas fases do processo psicanalítico para tirar o analista de seu papel habitual e converter todo o procedimento em algo que tem a estrutura de sua tendência pervertida ou viciosa". E generaliza, acrescentando que este problema "surge em *todos os pacientes*[9] nos quais a perversão ou o vício têm um papel importante em sua psicopatologia" (p. 156).

Meltzer recorre ainda a Freud, que em 1914 já assinalava o fato de que o perverso não procurava a análise como forma de obter cura, ponto de vista posteriormente corroborado por autores como Gillespie, Khan e Balint. Aos perversos interessaria, no entender de Meltzer, "aprender a modular seu

[7] Janine Chasseguet-Smirgel (1984) coloca a recusa da diferença geracional no mesmo nível de importância da recusa da diferença sexual, o que traz à tona o problema da ideologia do incesto no cerne da perversão. É na obra do Marquês de Sade, entre outras fontes, que a autora vai buscar uma referência de apoio a este postulado.

[8] Abordo em detalhes esta questão no capítulo 3.

[9] Grifo meu.

comportamento total para poderem continuar seu hábito ou vício sem perigo de interferência" por parte da análise, visto que eles "sentem sua perversão ou vício como mais reais do que suas relações sociais" (p. 158). O que pode ocorrer, entretanto, é que, no decorrer da análise, venha à tona o desespero que, na verdade, situa-se por trás de tal intenção, dando oportunidade, assim, ao início de uma luta contra a doença.

Essa observação clínica de Meltzer é muito pertinente para o analista que se engajou alguma vez na análise do perverso, pois afirma tanto a dificuldade quase intransponível que ele apresenta em termos de analisabilidade, como também fala da situação de angústia que pode surgir quando se obtém êxito em tocar efetivamente o que fora recusado. Se não se toca na angústia de natureza psicótica que se oculta maciçamente por detrás da perversão, pode ocorrer o que Meltzer chama de "perversão da situação analítica", em que a análise assume uma configuração de impasse e paralisia, com o paciente manifestando seu desprezo pela psicanálise, ao mesmo tempo em que devota um temor reverencial ao analista.

> Quando a perversão da situação analítica ocorre, a situação total tende a tornar-se estabilizada da seguinte maneira: a forma social da vida do paciente fora da análise melhorou tanto em termos de "sucesso" e "respeitabilidade" que, pelos padrões da psiquiatria social, o paciente seria considerado curado. Ele está "bem adaptado", mas sua perversão ainda não está "curada". Na análise certa corrente de crueldade

> para com o analista persiste no comportamento, ausência às sessões, atrasos, reclamações sobre o pagamento, e zombaria dos analistas em geral, "excluindo o presente, é claro". Mas o material é abundante, tanto em relação a relatos das atividades pervertidas, quanto a sonhos. Sinais de colapso da fé no analista são encarados com sentimento de triunfo e acusações, enquanto um periódico otimismo traz consigo uma festa perversa como reação terapêutica negativa. Torna-se claro que o paciente vê a mãe-analista como viciada na prática da psicanálise, como uma prostituta ama de leite analítica, incapaz de conseguir melhores pacientes, ou incapaz de reconhecer suas limitações. Somente um exagerado "desligamento" e comportamento "científico" do pseudo pênis-mamilo ganha o respeito, e mesmo o temor reverencial, do paciente. Ele então suspeita de que está na presença de algo grandioso, mas não sabe bem se o analista é como um deus, ou se é satânico. (Meltzer, 1973, p. 159)

Betty Joseph (1971), autora expoente da escola kleiniana, também aborda o fenômeno transferencial perverso, enfatizando a necessidade que tem o analista de detectar a perversão e interpretá-la *na própria transferência*. Sem que isso se dê, pensa ela, não se toca de fato no problema e, por conseguinte, não se estabelece uma mudança psíquica. De modo semelhante ao que acabamos de ver em Meltzer, Joseph fala de uma forma sutil e diabólica que têm os pacientes perversos de perverter o vínculo transferencial e de por à prova a capacidade do analista, o que pode significar para ele uma armadilha em que possa vir efetivamente a cair. Ora, o que fundamenta essa observação clínica, sob o ponto de vista psicopatológico, é a ideia de que *os principais aspectos da sintomatologia perversa devem necessariamente se apresentar na transferência*. O problema técnico, para Joseph, é a capacidade do analista para detectá-los, já que algumas vezes sua manifestação se dá de maneira bastante sutil. Trata-se, via de regra, de uma erotização oculta da transferência, às vezes obscurecida por um comportamento aparentemente passivo, que, contudo, pode ter por finalidade "destruir a calma e a força" do analista como seio provedor (p. 76). Encontram-se em jogo a cisão e a identificação projetiva da excitação sexual do paciente, que dela tenta livrar-se depositando-a sobre o analista. A utilização da palavra ou do silêncio para projetar a excitação sobre o analista, bem como a passividade que pode provocar a sua impaciência ou induzi-lo a atuar por meio de interpretações (ou de pseudointerpretações) são, além de mecanismos defensivos, ataques concretos ao analista como objeto odiado e invejado, como observa R. Horacio Etchegoyen (2002) ao comentar o trabalho de Betty Joseph.

Foi levando em consideração as observações sobre a transferência perversa, feitas por autores das duas diferentes escolas psicanalíticas, que Etchegoyen propôs a adoção definitiva da denominação "perversão de transferência" para esse fenômeno, a exemplo do que Freud (1914) fizera ao cunhar a noção de "neurose de transferência", e do que autores da escola kleiniana – particularmente Herbert Rosenfeld (1952) – fizeram ao falar de uma "psicose de transferência". Para Etchegoyen, justifica-se a formulação do conceito de "perversão de transferência" à medida que fica patente que a perversão possui uma individualidade clínica e que configura um tipo especial de transferência.

Freud (1914) cunhou o conceito de "neurose de transferência" – uma entidade mais clínica do que propriamente psicopatológica – para designar uma alteração produzida no neurótico por obra do enquadre analítico, que faz com que seus sintomas tendam a manifestar-se no interior mesmo da relação com o analista, portanto, na transferência. Inicialmente sentida como um entrave ao desenrolar da análise, a neurose de transferência passou a ser compreendida como o lugar por excelência onde se concentrarão os esforços terapêuticos, por meio da interpretação da transferência no *hic et nunc* da sessão analítica.

Como Freud acreditava que o psicótico fosse incapaz de desenvolver a transferência, devido ao seu fechamento narcísico – que praticamente o impedia de estabelecer relações objetais – a análise da psicose era por ele considerada ineficaz. Segundo Freud, faltava ao psicótico aquela analisabilidade peculiar ao neurótico, exatamente pela inexistência da transferência, o que o levou praticamente a desencorajar os esforços analíticos frente à psicose, como se vê, por exemplo, no artigo "*Análise terminável e interminável*" (1937). Isso não impediu que diversos analistas insistissem em experimentar a análise com pacientes não neuróticos, como fizeram alguns de seus contemporâneos, tais como Karl Abraham e Sandor Ferenczi. Posteriormente, tanto analistas formados na tradição kleiniana (Bion, Winnicott, Rosenfeld e Searles, entre outros), como analistas lacanianos, ousaram encarar este desafio, obtendo êxito, apesar de todas as dificuldades apresentadas pelos pacientes psicóticos para o desenvolvimento de uma análise.

De modo bastante sucinto, pode-se dizer que o que se concluiu foi que o psicótico desenvolve, sim, um vínculo objetal, mas à sua moda. Herbert Rosenfeld (1952), em seu trabalho sobre a transferência psicótica, propôs-se a demonstrar que o paciente esquizofrênico é capaz de estabelecer uma transferência positiva e negativa, sendo possível ao analista interpretar-lhe os fenômenos transferenciais e, ademais, perceber claramente as suas respostas às interpretações. Tais conclusões clínicas encontram um suporte teórico em formulações kleinianas sobre um modo primitivo de estabelecer uma comunicação, que é a "identificação projetiva", predominante no vínculo do psicótico com o seu objeto. Para Rosenfeld, os pacientes esquizofrênicos mostram muito claramente essa forma de relação de objeto:

> Com efeito, tão pronto se aproximam de *qualquer* objeto com amor ou ódio, [os pacientes esquizofrênicos] parecem confundir-se com esse objeto, por causa não só da identificação por introjeção como por impulsos e fantasias de entrar dentro do objeto com a totalidade ou partes de seu *self*, a

> fim de controlar o objeto. Melanie Klein sugere aplicar o nome de *identificação projetiva* a esses processos[10]. (p. 126)

Estabelecer o conceito de "psicose de transferência", portanto, foi uma empreitada da psicanálise pós-freudiana, que teve de valer-se de referenciais outros, que não os estritamente freudianos, para legitimá-lo sob os pontos de vista clínico e metapsicológico. Freud não legou um trabalho clínico sobre a psicose, do mesmo modo como não tratou da análise da perversão. Mas foi seguindo os caminhos já abertos pelos analistas que apostaram na ampliação da clínica psicanalítica rumo às patologias não neuróticas, e apoiado tanto nas conclusões de autores da escola inglesa quanto em lacanianos, como vimos, que Etchegoyen (2002) propôs a consolidação do conceito de "perversão de transferência". Para ele, essa tem como base teórico-clínica a "sutil complexidade das relações narcisistas de objeto" (p. 75), que produzem formas de vinculação diferentes tanto das neuróticas como das psicóticas. A especificidade de tal transferência residiria nas tentativas de desestabilização do analista, como vimos acima em Meltzer e Joseph. Ruth R. Malcolm (1970) também ilustra esse esforço do perverso, mostrando que ele pode tentar fascinar o analista e, assim, colocar a sua capacidade de observação no risco de converter-se em escopofilia. Otto Kernberg (1998), igualmente, vê na transferência perversa o risco de o analista ser envolvido nas fantasias

[10] Tradução minha.

perversas do paciente e, assim, levado à condição de expectador das relações de objeto perversas externas à análise. Etchegoyen (2002) resume essa posição perversa, que é tanto transferencial como sintomática, afirmando que o perverso sente o seu sexo "não como um desejo, mas como uma ideologia"[11] (p. 105), sendo a inveja o motor de tal sentimento.

Quanto ao "parentesco" da perversão com a psicose – assinalado por muitos autores, que vêm na perversão, em essência, uma defesa contra a psicose –, ficaria por conta, entre outros fatores, do predomínio da identificação projetiva, da labilidade da relação de objeto, da genitalização precoce, do papel da inveja como motor da conduta e da dissociação do *ego* (Etchegoyen, 2002, p. 77).

Pois bem, em resumo, vimos até agora que, por mais que as referências teóricas, a terminologia e o estilo dos autores da escola inglesa difiram daqueles da escola lacaniana, é muito interessante observar-se como, na prática, os impasses trazidos pela postura transferencial do perverso são percebidas do

[11] No meu livro *Perversão*, nesta mesma coleção, exprimo um ponto de vista semelhante, ao questionar a qualidade de "desejo" no impulso sexual do perverso em direção ao objeto; apoiado em Joyce McDougall, propus que a primazia da necessidade, nesse caso, imporia à montagem da cena perversa um caráter diferente daquele do desejo propriamente dito. O "argumento perverso" (provar que a castração não existe) presidiria a montagem da cena, prevalecendo sobre a emergência do desejo. Em relação à "ideologia" intrínseca ao ato perverso, ver o artigo "Estudo das perversões sexuais a partir do fetichismo", de Guy Rosolato (1967), na aproximação que ali se faz da perversão com a gnose; ver também o capítulo 3 deste livro.

mesmo modo por autores das duas escolas[12], fato que ajuda a legitimar as conclusões de ambas e permite a dedução de uma teoria consolidada da transferência na perversão.

Uma questão que se nos impõe agora, portanto, é a seguinte: as definições da perversão pelo eixo da sintomatologia (desvio sexual) e pelo eixo da transferência, como propus, seriam sempre complementares? Ou, quando tomados de um modo mais radical estes eixos poderiam produzir figuras conceituais excludentes? Dito de outro modo: todo paciente que apresenta um desvio sexual perverso apresentará, necessariamente, uma perversão de transferência quando submetido ao processo analítico? Ou, ainda, invertendo os termos: todo paciente que apresente uma modalidade perversa de transferência apresentará também um desvio sexual? Cumpre pensar mais detidamente no problema teórico-clínico representado por estas perguntas, submetendo-as às duas escolas psicanalíticas com que viemos trabalhando até aqui.

Para os analistas de orientação lacaniana talvez essa questão esteja mais delimitada, posto que a definição do campo da perversão feita prioritariamente pela via transferencial reduz, em sua formulação, o papel do fenômeno sintomático existente para além da situação analítica. O "diagnóstico transferencial" segue um modelo que liga diretamente a estrutura clínica ao

[12] Em outra oportunidade (Ferraz, 2004, p. 99-100) chamei a atenção para esse fato, comparando um texto de Donald Meltzer (1973) com o já citado trabalho de Clavreul (1967). Curiosamente, encontrei mais tarde um trabalho de R. Horacio Etchegoyen (2002) em que ele estabelecia o mesmo paralelo exatamente entre os dois textos desses autores.

mecanismo defensivo predominante na saída do conflito edípico. Assim, a perversão decorre da recusa, como a neurose decorre do recalcamento, e a psicose, da rejeição. O desafio presente na transferência perversa é o elemento central para o diagnóstico, eximindo o clínico de valer-se de algo como um "desvio sexual" para a sua definição. A perversão parece, assim, ser tomada mais na acepção de *operador clínico* do que propriamente na de *categoria psicopatológica*. Se tal procedimento tem a vantagem de focalizar claramente o campo do trabalho analítico, por outro lado ele pode "desmaterializar" a perversão, retirando-lhe a sintomatologia sexual, que passa, assim, a ser apenas contingente. O mesmo ocorre com a psicose, que, no diagnóstico estrutural, é irredutível à conceituação psiquiátrica, tornando possível uma psicose sem "loucura", ou seja, sem delírio ou alucinação[13]. O que define a estrutura psicótica seria a "forclusão do Nome do Pai". Não é que o sintoma, do ponto de vista descritivo, seja simplesmente desconsiderado. Trata-se, antes, da eleição de um recorte, que é a manifestação transferencial, desde que entendida como fenômeno que informa sobre a posição do sujeito dentro do conflito edípico e, portanto, dentro também do sintoma que produz. Importa, para o diagnóstico estrutural, o modo como o sujeito se encontra marcado pela castração. A tomada da sintomatologia como parâmetro seria, nesta concepção, peculiar ao modelo médico

[13] Isso não quer dizer, evidentemente, que essas formações sintomáticas não sejam reconhecidas como psicóticas.

ou psiquiátrico. Para a psicanálise haveria um outro recorte, coerente com a sua própria base epistemológica.

Uma ênfase maior no eixo transferencial para a definição da perversão, como acabamos de ver, pode ter um grande interesse para a psicanálise, em razão da primazia que confere à situação analítica. Mas quando esse eixo se quer exclusivo, é lícito pensar que isso pode ser o resultado de uma forma de se ler Freud que leva em consideração determinado momento de seu trabalho, ou mesmo certo texto, em detrimento ou com a omissão de outros[14]. Ou seja, quando se radicaliza sobre a preponderância do modelo de perversão presente no artigo sobre o fetichismo (Freud, 1927), é porque se está desconsiderando aquele presente nos "*Três ensaios*" (Freud, 1905), onde está consignado o eixo sintomatológico. Afinal, a definição pela estrutura encontra fundamento no mecanismo da recusa, ainda ausente em 1905[15].

Sabemos à saciedade, entretanto, que, em se tratando da obra de Freud, há que se ter cautela ao descartar um ponto de vista expresso em um momento determinado. Por mais que as contradições internas apareçam em seu trabalho, o mais comum é que, no fim das contas, diferentes pontos de vista, expressos em momentos diferentes, acabem sendo complementares. Janine Chasseguet-Smirgel (1984), por exemplo, é uma autora

[14] Como sói acontecer, aliás, em quase todas as leituras "de escola" que se fazem da obra de Freud.

[15] Em 1908, no entanto, a noção de recusa já se faz presente no artigo de Freud sobre as teorias sexuais das crianças.

que defende a integração de três momentos da teorização freudiana da perversão[16] como complementares e necessários ao seu entendimento geral[17].

Vejamos agora como fica a mesma questão para os autores kleinianos que trataram da "perversão de transferência". É verdade que nem sempre a pergunta sobre a coincidência do "desvio sexual" com a "perversão de transferência" é feita de maneira explícita. No entanto, quase sempre a afirmação de tal coincidência fica implícita; ao menos é o que podemos concluir examinando os relatos de caso. Meltzer (1973), contudo, preocupou-se com este problema e defendeu abertamente a coincidência do fenômeno sintomatológico da perversão com sua manifestação transferencial. Como vimos, ele afirma categoricamente que a perversão de transferência "surge em *todos os pacientes* nos quais a perversão ou o vício têm um papel importante em sua psicopatologia" (p. 156).

Se pensarmos na lógica que rege as relações objetais de determinado paciente, não seria de estranhar essa coincidência postulada por Meltzer. Afinal, o analista seria um objeto entre outros, por mais que a relação analítica esteja revestida de um outro caráter contratual. Seguindo a lógica freudiana presente na ideia de "neurose de transferência",

[16] Estes três momentos seriam: o dos "Três ensaios" (1905), cujo eixo é a definição da neurose como "negativo da perversão"; o do artigo "Uma criança é espancada" (1919), que liga o masoquismo à questão da identificação; e o do Fetichismo (1927), que explica o caráter ambíguo do fetiche, apresentando a recusa da castração em sua relação causal com a dissociação do *ego*.

[17] Este é o ponto de vista que defendo no artigo "Uma breve revisão da noção de perversão na obra de Freud" (Ferraz, 2000c).

essa coincidência não seria apenas cabível, mas poderia ser mesmo esperada.

Otto Kernberg (1998), no entanto, questiona a validade dessa generalização. Para ele, autores importantes para o estudo da perversão e da perversidade, como Meltzer, Rosenfeld e Bion, caíram no erro de confundir a perversão sexual com a perversão de transferência, usando tais noções como equivalentes, sem diferenciá-las suficientemente bem. Para Kernberg, a "síndrome da perversidade na transferência", como ele a chama, "consiste, em essência, no recrutamento do erotismo e do amor a serviço da destruição" (p. 73). Trata-se de uma reação terapêutica negativa severa que só pode ter sido confundida com uma patologia sexual específica por uma mera semelhança semântica! A "perversão de transferência" pode ocorrer, evidentemente, em pacientes que tenham uma perversão no sentido estrito de "desvio sexual"; e Kernberg julga ser justificável esta coincidência, visto que a perversão grave está associada à personalidade narcísica. Mas ela pode ocorrer igualmente em outros pacientes que não apresentem uma perversão sexual específica, mas distúrbios narcísicos da personalidade ou aquilo que ele chama de "síndrome do narcisismo maligno".

Kernberg propõe um quadro amplo para a classificação da perversão, mostrando como os fenômenos perversos podem aparecer numa ampla gama de pacientes, que vai desde os portadores da "síndrome do narcisismo maligno" (que apresentam formas severas de sadismo, masoquismo, pedofilia, coprofilia etc.) ou do "distúrbio de personalidade antissocial" (psicopatas), passando pelos perversos propriamente ditos (que são *borderlines*, em sua opinião[18]), até pacientes com organização neurótica da personalidade (nos quais a encenação perversa não teria o caráter de agressão pré-edípica, mas se explicaria pelos aspectos regressivos do próprio conflito edípico). Para ele, portanto, o que se articula com o fenômeno da perversão de transferência – que desencadeia sempre respostas contratransferenciais difíceis de serem utilizadas adequadamente a favor da análise – é a organização *borderline* da personalidade e a correlata estrutura de personalidade narcísica.

Por um interessante volteio, então, vemos como, para Kernberg, em última instância, será a modalidade da transferência estabelecida que definirá o quadro estrutural, e não apenas a presença de uma determinada sintomatologia. Aparentemente, acabaríamos chegando a um ponto de vista similar àquele dos lacanianos. Mas me parece que a semelhança é apenas superficial, pois, ao contrário destes, Kernberg valoriza sobremaneira o conjunto de sintomas do paciente, aproximando-se, neste ponto, de um olhar que se poderia chamar de "psiquiátrico"[19]. O que ele parece procurar em seus

[18] Esse tipo, para Kernberg (1998) o perverso propriamente dito, coincide com aquele descrito por Janine Chasseguet-Simirgel; para ele, o que caracteriza tal grupo é a presença de uma "organização defensiva em camada dupla em que os conflitos edípicos estão fusionados com os conflitos pré-edípicos, cujos aspectos agressivos dominam o quadro clínico" (p. 70).

[19] Pode-se constatar este fato observando-se, por exemplo, os critérios explicitados por Kernberg (1998) para a avaliação diagnóstica de pacientes com perversão sexual, que incluem, por exemplo, a investigação da vida sexual, dos vínculos

estudos de caso, para além da pesquisa sobre a transferência, é a qualidade das relações objetais dos pacientes, o que pode perfeitamente ser realizado a partir de informações sobre suas vidas obtidas não exclusivamente por meio da reprodução sob transferência na situação analítica.

Para Kernberg, portanto, é possível uma não confluência dos eixos sintomatológico e transferencial da perversão sobre o mesmo paciente, ou dito mais precisamente, existe uma zona de intersecção considerável entre o desvio sexual e a perversão da transferência, mas restariam outras regiões em que tal intersecção não ocorre.

Pois bem, para tirar alguma conclusão prática desta confrontação entre os diferentes enfoques da perversão que vimos até aqui, seria interessante levantar os benefícios e as limitações que eles encerram, num esquema que bem pode ser desenhado por meio de paradoxos. Senão vejamos. Na definição mais afeita ao eixo sintomatológico, tal como se depreende de Freud (levando-se em conta sua obra como um todo), considera-se um sujeito *que fala de seu sintoma em transferência*, mas, ainda assim, vislumbra-se um sujeito no mundo por detrás de sua sintomatologia. Afinal, Freud (1914) subordinou a neurose de transferência à neurose real, dando à primeira o caráter de operador clínico da análise. Por outro lado, se se fica

---

afetivos e da relação conjugal; além do mais, ele se utiliza de uma prolífica classificação nosográfica própria, não raro recorrendo também à terminologia psiquiátrica do D.S.M., como, por exemplo, na adoção da categoria de "transtornos de personalidade", em seu livro *Agressão nos transtornos de personalidade e na perversão* (Kernberg, 1992).

excessivamente preso à sintomatologia, incorre-se no risco de abandono do recorte clínico propriamente psicanalítico – isto é, fundado em uma epistemologia particular da clínica psicanalítica –, recaindo-se em um olhar psiquiátrico sobre o sintoma. Neste caso, a análise pode perder sua eficácia como método de encontro da verdade peculiar ao sujeito, restringindo-se a algo tal como uma psicoterapia de apoio, a um esforço adaptativo ou educativo (cognitivo) ou, às vezes, a nada.

Na visão predominantemente transferencial, tem-se o mérito da manutenção do crivo especificamente psicanalítico, que protege a análise de simplificações clínicas que podem resultar, por exemplo, na limitação da comunicação aos contornos conscientes do *ego*. Por outro lado, do ponto de vista epistemológico, não é impossível que, levado este posicionamento às últimas consequências, a psicanálise perca o contato com toda a psicopatologia possível.

Maurice Dayan (1994), tratando desta questão, fala em "singularidade idiopática" para se referir à experiência de *um* sujeito em análise, experiência que não se parece com a de nenhum outro sujeito. Na clínica haveria, pois, apenas arranjos sintomáticos idiopáticos. Isso não significa, contudo, que não encontremos *regularidades sintomáticas* nos nossos pacientes; caso contrário, sequer poderíamos pensar em uma psicopatologia. Mesmo considerando a singularidade idiopática, dedutível da escuta analítica de um sujeito único, as exigências culturais gerais, cujo protótipo seria o complexo de Édipo, colocam-se para todos os sujeitos, concorrendo para a construção de um "sintoma universal". Isso ocorre à medida que cada sujeito, ao se deparar com as exigências civilizatórias, tem de processá-la a seu modo singular, produzindo, a partir daí, uma síndrome "patológica" particular, ou seja, o seu *sintoma*.

Sob a ótica da clínica, a rigidez da abordagem transferencial pode significar uma verdadeira *recusa* ao sintoma do paciente, tal como este se apresenta em sua narrativa. Neste caso introduz-se um fator de risco para determinados sujeitos, que vão então reencontrar uma situação traumática neste não reconhecimento que tal postura do analista implica. Isso pode ocorrer, por exemplo, quando o analista insiste reiteradamente na interpretação da transferência de pacientes não neuróticos, para os quais tal conduta é nociva ou, no melhor dos casos, inócua[20]. É claro que, nos casos em que isso ocorre, trata-se de uma falta de maleabilidade do analista, mais do que de um problema intrínseco ao modelo da interpretação transferencial. O erro correlato, quando se privilegia o eixo sintomatológico, seria exatamente o de desprezar fenômenos transferenciais fundamentais à análise.

Ora, esses paradoxos, sabemos, estão longe de representar exclusivamente o conflito entre as definições de perversão e as

[20] Pierre Marty (1990), por exemplo, recomenda cautela no uso da interpretação no caso de pacientes psicossomáticos que apresentam um "pensamento operatório", visto que eles muitas vezes são inaptos a atingir uma posição transferencial. Christophe Dejours (1989), por sua vez, recomenda que se abstenha do uso da técnica interpretativa na análise de pacientes em que isso signifique um risco somático; nesses casos, ele sugere uma psicoterapia de "paraexcitação". Além desses casos, poderíamos pensar também no efeito iatrogênico da abordagem pela via da transferência em certos pacientes paranoides.

formas de se trabalhar teórica e clinicamente com as mesmas que daí decorrem. Eles têm, na verdade, uma validade mais ampla, aplicando-se ao trabalho psicanalítico em geral, considerados o amplo espectro da psicopatologia e os problemas concernentes à técnica e à formação de analistas.

A referência à transferência na formulação do diagnóstico, evidentemente, é fundamental quando o que se tenciona é um diagnóstico psicanalítico. Torna-se ainda mais relevante quando se entende por "diagnóstico" não uma categorização nosográfica, mas uma consideração dinâmica e relacional cuja função é constituir-se como um operador clínico. No entanto, seu valor torna-se relativo quando se procura validá-la como critério para um diagnóstico *descritivo*, para além do *setting* analítico. Penso que o diagnóstico transferencial refere-se mais à qualidade da relação objetal do que à fenomenologia sintomatológica do sujeito, isto é, ele fala mais do *como* do que do *quê*. O conteúdo sintomático é contigente e comporta um certo grau de plasticidade; portanto, o desvio sexual *stricto sensu* nem sempre é coincidente com a psicopatologia da perversão propriamente dita. É assim, por exemplo, que a patologia fundada na recusa – perversa, por definição – pode estender-se, sob o ponto de vista sintomatológico, do desvio sexual para as mais diversas modalidades de adicção, como tantos autores têm procurado demonstrar[21]. O aspecto relevante a ser considerado, então, é a natureza e a qualidade da

[21] Ver, por exemplo, o artigo "Sobre la patologia del alcoholismo y la drogadicción en la experiencia psicoanalítica", de Jorge L. Maldonado (2002); ver também o

relação de objeto, que comporta, em uma de suas dimensões, a relação do sujeito com a *falta*.

Além do mais, segundo a minha compreensão da transferência, é enganoso supor que esta signifique apenas uma repetição tal e qual de um padrão de direcionamento ao objeto. A transferência na clínica contém também, inseparável da repetição, um *gesto* que aponta exatamente para o novo, num impulso à restauração por meio de uma compreensão *diferente* de si, que se pede ao analista e dele se espera obter. É verdade que, no caso da perversão – ou de outras patologias em que o ódio, a inveja e a destrutividade assumam o papel central – esse pedido torna-se mais difícil de se escutar, em razão daquelas respostas contratransferenciais, passíveis de surgirem no analista, que prejudicam a sua disponibilidade para o *holding*. No entanto, creio que é a essa forma de se compreender a transferência que se condiciona o alcance de sua instrumentalização clínica, que é o que permitirá a abertura para a eventual mudança psíquica do paciente. No reverso dessa postura, podemos perpetuar descrições de casos de perversão que mais se assemelham a peças de acusação moral, criminal ou religiosa...

Sustento, portanto, que o par sintoma-transferência deve ser levado em conta na observação diagnóstica psicanalítica, de forma articulada e com a devida cautela, resguardando-se o recorte epistemológico e o método propriamente psicanalíticos,

---

livro A *pulsão e seu objeto-droga: estudo psicanalítico sobre a toxicomania*, de Decio Gurfinkel (1996).

mas sem estereotipias que possam fazer uma teoria prévia prevalecer sobre a experiência viva[22].

"Cá entre nós": a perversão na situação analítica[23]

Passo a descrever agora o fragmento de uma sessão analítica na qual podemos ver, no calor da análise, um exemplo de como se dá uma situação da perversão de transferência.

Júlio, um jornalista de trinta e poucos anos, em análise comigo há mais ou menos um ano, inicia sua sessão com um tom levemente depressivo, referindo-se à sessão anterior, na qual contara-me a respeito de suas fantasias sexuais. Dissera-me naquela sessão que, embora não o realizasse, desejava ardentemente manter relações homossexuais nas quais faria

[22] Há um campo da psicopatologia, para além dos casos da neurose, da perversão e da psicose, em que a articulação da sintomatologia com a modalidade da transferência mostrou-se profundamente profícua: são os casos de psicossomatose, em que o paciente praticamente não exprime nenhum afeto transferencial considerável. Pierre Marty e Michel de M'Uzan (1962) fundam sobre esse problema o conceito de vida operatória. Joyce McDougall (1978b) também tratou desse tipo de paciente (o "antianalisando"), chamando a atenção, inclusive, para o fenômeno da "normopatia", no qual não haveria necessariamente uma somatização. Também Christophe Dejours (1989) fala de um tipo de paciente somatizador que produz, em análise, uma verdadeira "mineralização" do analista, numa impossibilidade radical de colocar-se em transferência. Abordo detalhadamente esse problema em meu livro *Normopatia: sobreadaptação e pseudonormalidade*, nesta mesma coleção.

[23] Este caso clínico foi apresentado na Jornada "O sintoma e suas faces", promovida pelo Departamento de Psicanálise do Instituto Sedes Sapientiae, São Paulo, no dia 18 de junho de 2005.

sexo oral com seus parceiros. Pensava compulsivamente nisso e, com tais ideias em mente, chegava a masturbar-se várias vezes por dia.

Um pouco angustiado, Júlio me diz que saíra da sessão anterior sentindo-se mal, por ter mais uma vez tocado no tema de suas fantasias "secretas". Achava que falar disso comigo poderia expor excessivamente sua intimidade. Além disso, tinha experimentado certo sentimento de inferioridade em relação a mim, que estava na condição de analista, enquanto ele ocupava o lugar de paciente. Queixa-se da assimetria de nossa relação, na qual "eu sei de suas coisas e ele não sabe das minhas". Ficara contrariado, resumiu ele.

Ao fim de um curto período de silêncio, Júlio, mudando abruptamente de tônus, fala com maior vigor, voz mais alta e mais depressa que não queria mais falar daquilo. Abandonando o tom de lamento que empregara na primeira comunicação, diz, de modo enfático e categórico, que o que ele realmente queria comigo naquele momento era saber se eu conhecia algum bom mecânico na região do meu consultório, pois ele precisava de alguém para consertar seu carro. Acrescenta que, perto da empresa em que trabalha, há apenas um mecânico e que todos ali ficam "reféns" daquele "ladrãozinho" por não terem alternativa.

Digo-lhe então que era assim que ele se sentia em relação a mim naquele instante, como um refém em minhas mãos por eu saber a respeito de suas fantasias secretas. Era eu o mecânico "ladrãozinho", expressão que me parecera remeter-se também a outras acusações que ele me fizera anteriormente a respeito do valor de meus honorários.

Mais uma mudança se verificou em sua disposição. Falando agora com um tom irônico e tentando demonstrar uma arrogante superioridade intelectual, Júlio se vira um pouco sobre o divã, de modo a olhar para mim, e diz bem devagar e mais baixo, num tom que sugeria a um só tempo desprezo e esforço de cooptação:

> *Cá entre nós*, me diga uma coisa. Você acredita mesmo que uma coisa tem a ver com a outra? Tudo o que eu falo tem a ver com a fala precedente? Você não acha muito simples tudo isso? A psicanálise realmente é muito limitada! E você deixa a sua inteligência de lado para seguir todos os chavões que deve ter aprendido na sua formação. Vai, diz *só pra mim* que você usa estas bobagens da psicanálise para ganhar seu dinheiro, porque eu sei que, no fundo, não é possível que você acredite nisso.

Respondi-lhe então:

> Cá entre nós coisa nenhuma! Você quer que eu confesse, só para você, que eu não acredito no que digo, e que o digo mecanicamente apenas para ir tocando meu ofício e ganhar meus trocos. Assim, eu lhe confessaria que sou mesmo o "ladrãozinho", mas que para você, que é especial, eu digo a verdade enquanto continuo explorando, com minhas más

> intenções psicanalíticas, todos os outros, menos inteligentes, menos preparados ou menos perspicazes do que você. Eu faria, assim, um pacto especial com você, excluindo os outros e confessando-me desonesto. Ocorre que eu acredito no que falei, assim como acredito nessas bobagens da psicanálise que andei aprendendo...

Júlio se assusta um pouco com minha resposta, que talvez tenha saído do *script* planejado. Essa fala, no entanto, veio a ter uma profunda repercussão na sua análise. Embora indigesta no primeiro momento, creio eu, ela trouxe à tona aspectos do que chamo aqui *perversão de transferência*, ao mesmo tempo em que marcou a minha recusa[24] em tomar parte do conluio para o qual me convidava, até certo ponto, de modo inconsciente. Tratou-se de uma interpretação simultânea a um posicionamento.

Era-me evidente que a sua arrogância era uma tentativa de sair do lugar extremamente desconfortável em que se colocara quando resolveu contar-me, de fato, na sessão anterior, sobre as fantasias que o perturbavam, de modo a passar todo o seu

[24] Podemos falar, aqui, de uma recusa, por parte do analista, ao convite que lhe é feito. Mas emprego o termo recusa, é claro, na sua acepção comum na língua corrente, e não como *Verleugnung*. Laplanche (1992), tratando exatamente desta distinção, propõe o termo *refusement* ("recusação"), que no alemão de Freud era *Versagung*, para designar a postura do adulto que se recusa a atender a demanda do bebê, o que "ensinaria o pequeno ser humano a viver" (p. 81). Um exemplo de semelhante postura na clínica se encontra na obra de Masud Khan (1988), no texto "Um homossexual desanimador", quando o autor, na entrevista inicial com seu paciente, disse-lhe que não se interessava em analisá-lo, ainda que, todavia, tenha vindo a fazê-lo.

desconforto e o seu sentimento de inferioridade para mim. Júlio tinha como método habitual tentar afirmar sua superioridade intelectual sobre mim, mas de um modo dissimulado em que fingia me preservar: eu era inteligente; a psicanálise é que era burra! Ele não se limitava, como eu, ao pseudossaber psicanalítico, um conhecimento mais pobre que visava unicamente a enriquecer os analistas burgueses. O conhecimento nobre era o que ele possuía: a literatura e a filosofia.

Cabem aqui algumas considerações elucidativas sobre a história de Júlio e de sua análise. Ele havia me procurado por indicação de um analista a quem tinha como um grande intelectual, "uma verdadeira exceção" no meio psicanalítico. Tinha tentado antes um curto período de análise que se encerrara, segundo ele, em virtude do seu envolvimento erótico com o ex-analista, fato que lhe resultou extremamente traumático. Casado com uma colega de trabalho, Júlio há muito tempo não tinha relações sexuais com a mulher. Sua vida sexual limitava-se à masturbação compulsiva e a tentativas frustradas de envolvimento com homens que encontrava casualmente em viagens de trabalho. Aos treze anos, teve o que chamou de "iniciação sexual", numa relação violenta com um superior na empresa em que era *office-boy*. Esse homem o levara a uma sala fechada, onde, imobilizando-o, despiu-o e fez sexo oral com ele. O ato forçado, disse Júlio, não impedira que obtivesse satisfação: ao contrário, aumentara o êxtase do seu gozo. Sentindo muita culpa, nunca mais teve outra relação homossexual, embora o fantasiasse diuturnamente.

Na infância – dos seis aos dez anos – Júlio costumava ter brincadeiras sexuais com um vizinho um pouco mais velho. Ele, Júlio, fazia o "papel da mulher", enquanto o vizinho representava o homem da relação. Frequentemente Júlio ameaçava seu parceiro dizendo que contaria tudo aos pais de ambos, o que deixava o vizinho bastante amedrontado e, por conseguinte, submetido ao seu controle, inclusive atendendo prontamente aos chamados para as brincadeiras sexuais. Antes disso, recorda-se ele sobre suas primeiras sensações sexuais, sentia uma enorme atração pelo peito do pai, em quem tinha vontade de "mamar". Pressentia haver algo errado naquilo, sentindo-se culpado e temeroso de que descobrissem seus pensamentos.

A entrevista inicial com Júlio foi difícil. Bem articulado intelectualmente – embora às vezes pedante no uso de referências eruditas – ele teceu comentários desfavoráveis sobre a psicanálise e os psicanalistas, sempre usando argumentos da lavra marxista para fundamentar suas opiniões. Trocando em miúdos, disse-me que eu era careiro e me utilizava do sofrimento alheio para vender minha mercadoria. Percebendo que não se tratava exatamente de uma dificuldade financeira, eu me limitei a dizer que aquele era o preço e que, se ele não pudesse ou não quisesse pagar, não seria possível iniciarmos a análise. Visivelmente contrariado, Júlio se retirou sem dizer se desejava ou não discutir mais sobre o contrato. No dia seguinte, telefonou-me marcando um horário. Foi até o consultório e, naquela segunda entrevista, a despeito das críticas, estabeleceu comigo o contrato e iniciou sua análise, aceitando as condições que eu expusera.

Logo na segunda sessão contou-me que, em conversa com alguns amigos analistas de outra cidade, relatou-lhes sobre nossa entrevista e que, quando falou da minha postura sobre o aspecto financeiro, ficaram todos indignados, dizendo: "oh, que absurdo! Como pode um analista dizer algo assim!". Ao narrar-me suas discussões com a mulher, de quem ensaiava separar-se, sem o conseguir, deixava escapar que usava meu nome para atacá-la, atribuindo a mim argumentos desfavoráveis a ela. Isso fazia com que ela dissesse coisas terríveis sobre mim, que ele me contava na tentativa de que eu também me indispusesse com ela.

Esse fragmento de sessão da análise de Júlio, parece-me, fala precisamente de uma modalidade de transferência tida na psicanálise como peculiar à perversão. Senão, vejamos.

Para começar, o eixo transferencial da perversão encontra-se, no caso de Júlio, claramente enlaçado com o eixo sintomatológico. Os fragmentos de sua história que selecionei trazem cenas de um erotismo atrelado a uma forma de violência que pressupõe o domínio – físico ou psíquico – sobre o outro, levando à montagem de cenas em que o papel do sujeito amarrado se alterna com o do sujeito que amarra, prende, seja pela força, seja pela chantagem. Nesse sentido, não há como diferenciar o argumento encenado na análise daquele encenado no sintoma. Conforme vimos em Donald Meltzer (1979), a perversão de transferência surge sempre que o sintoma perverso, que incide na sexualidade, "tem um papel importante na psicopatologia" (p. 156).

A abertura de sua fala, através da expressão "cá entre nós", é o primeiro indício da perversão que se infiltra na transferência, por meio de uma erotização que segue a mesma lógica da abordagem do objeto sexual. Lembra a "técnica da intimidade", de que fala Masud Khan para caracterizar o modo como o perverso se aproxima de seu objeto, tentando envolvê-lo em uma malha de sedução e criar um clima de intimidade e segredo[25]. Enquanto acena com a promessa de um gozo inédito, o perverso, entretanto, recusa ao objeto a subjetividade, encaixando-o numa cena estreita e previamente escrita. O "cá entre nós", assim, não é uma alusão ao salutar e necessário sigilo analítico. Trata-se, na sessão de Júlio, de uma tentativa de eliminação de toda terceiridade. Luís Cláudio Figueiredo (2004), escrevendo sobre o *borderline*, faz uma consideração que considero pertinente para o perverso: afirma que, na situação analítica, o paciente exibe uma estruturação "antiedípica", manifestando um ataque a terceiros e, "particularmente, às ligações entre o analista e seus outros, sejam os outros pacientes, o *setting*, a psicanálise como método e como teoria, as outras eventuais ocupações e interesses do analista, etc." (p. 516). O objetivo seria, assim, reduzir a situação analítica a uma situação dual. Esse ponto é, no fundo, o próprio sustentáculo da perversão: trata-se da tentativa de manutenção de uma dualidade incestuosa com a mãe, vivida como aquela que autoriza a exclusão

[25] No meu livro *Perversão*, nesta mesma coleção, particularmente no capítulo 3 (caso clínico de André), descrevo com maiores detalhes a forma como se dá esta abordagem do objeto.

do pai, dando ao futuro perverso a garantia de que ele não precisa passar pelo crivo da castração. Conforme Guy Rosolato (1967), o objetivo do desafio é, em última instância, impor a lei do próprio desejo sobre a lei do pai, comprometendo o acesso à diferença sexual e à ordem simbólica.

Um ponto bastante explorado pela psicanálise – particularmente pela escola lacaniana – é a presença do *desafio* na transferência perversa, como foi visto anteriormente. De acordo com Clavreul (1967), essa dimensão do desafio significa a recusa da função analítica do analista: o perverso se recusa a ser tratado como um neurótico em análise. Na escola kleiniana, esse fenômeno é visto como uma busca da desestabilização do analista, numa tentativa de retirá-lo do seu papel analítico. Meltzer (1979) é preciso quando diz que o perverso tenta conferir ao procedimento analítico a "estrutura de sua tendência pervertida e viciosa" (p. 156), ao que chama de "perversão da situação analítica". Na sessão de Júlio, isso se verifica na intolerância à assimetria entre analista e analisando. A inveja primária conduz à dificuldade no estabelecimento de uma relação de objeto. A regressão à dependência, experimentada como risco ou perigo, é evitada a qualquer custo.

Do ponto de vista da clínica, portanto, a perversão de transferência implica um risco para a análise, à medida que visa enlaçar o analista na cena perversa, destruindo sua capacidade de analisar, seja por meio da sedução – que o converte em *voyeur* – seja pela repulsa, que o converte em moralizador. Diante dessa armadilha, a função analítica passa a ser, primordialmente, a de não aderir ao pacto proposto e identificar, na própria transferência, a essência da perversão. Ao citar Betty Joseph (1971) anteriormente, enfatizei sua impressão de que enquanto o analista não tocar no problema da perversão *na* transferência, não poderá ocorrer nenhuma mudança psíquica. Para ela, o perverso promove uma "erotização oculta" da transferência, de um modo que pode se disfarçar por meio de uma postura passiva, mas que tem por finalidade "destruir a calma e a força do analista". Trata-se, em linguagem kleiniana, da inveja do seio provedor e de sua destruição.

A descrição da perversão de transferência feita por Meltzer em tudo se aplica à sessão de Júlio que descrevi acima. Nessa situação, o paciente vê no analista um viciado na prática da análise, limitado e incapaz de dar-se conta de sua limitação. A psicanálise é desacreditada ou mesmo atacada como uma farsa, e era exatamente isso que Júlio queria que eu lhe confessasse, só a ele e a mais ninguém! É por essa razão que a recusa do analista a cumprir seu papel no *script* é fundamental, expediente tão mais potente quando aliado à interpretação da fantasia que subjaz à montagem da cena transferencial. Vimos como Otto Kernberg (1998) enfatiza a necessidade de se focalizar, na análise do perverso, a atuação ou a expressão das fantasias inconscientes na transferência, uma vez que o paciente pode buscar a imobilização do analista e, assim, conduzi-lo ao lugar de espectador do cenário de suas relações objetais perversas ou reproduzir, na transferência, a mesma satisfação de suas fantasias perversas, agora nelas envolvendo o seu analista.

Portanto, a análise do perverso exigirá, de modo decidido, a recusa da dualidade requerida. Robert Caper (*apud* Figueiredo, 2004), tratando da análise do *borderline*, fala da necessidade que tem o analista de manter-se ligado a seus objetos internos, ou seja, manter-se "casado com a psicanálise e com o seu método" (p. 517), a fim de se libertar da identificação projetiva que lhe cai sobre os ombros. Na análise de Júlio aprendemos que a adesão aferrada ao método psicanalítico, mais do que um recurso técnico, contribuía para a saída de uma situação imaginária e dual, na qual se convidava o analista a reiterar o papel da mãe que acena com a passagem ao largo do muro da castração e da lei do pai, desqualificando-os e prometendo o gozo auferido com a supremacia da pré-genitalidade e do incesto.

2.

A RECUSA DO TEMPO[26]

> Ouvi dizer a um homem instruído que o tempo não é mais que o movimento do Sol, da Lua e dos astros. Não concordei. Por que não seria antes o movimento de todos os corpos?
>
> Santo Agostinho, *Confissões*

O mecanismo da *recusa* (*Verleugnung*), quando postulado por Freud, veio cobrir um campo que escapava do domínio do *recalcamento* (*Verdrangung*). Uma das razões pelas quais esse conceito tornou-se tão importante e operacional em psicanálise foi a possibilidade que trouxe de imprimir uma positividade à definição da perversão. Se antes ela ainda era definida, *grosso modo*, como formação decorrente da "ausência do recalque" (e daí o fato de a neurose ser "o negativo da perversão"), com a postulação da recusa ela pôde então vir a ser definida por si mesma, ganhando assim uma positividade

[26] Publicado originalmente no livro *Perversão: variações clínicas em torno de uma nota só*, organizado por Cassandra Pereira França (São Paulo: Casa do Psicólogo, 2005).

conceitual e tendo reconhecida a sua complexidade como fenômeno psíquico.

A recusa foi inicialmente pensada como *recusa da castração*. É assim que ela aparece nos artigos de Freud dos anos 1920 sobre o complexo de Édipo, reeditando, de modo mais acabado, a noção já expressa em 1908, no artigo sobre as teorias sexuais das crianças. Entretanto, o seu objeto vai se expandindo e torna-se possível, observando-se, por exemplo, o "Esboço de psicanálise", texto de 1940, falar em *recusa da realidade*. Evidentemente, por "realidade" entende-se, então, uma ampliação da própria órbita da castração. Trata-se de uma concepção particular de realidade, que vem a ser assim, dito de maneira sucinta, aquilo que se opõe à realização do desejo.

Segundo Laplanche & Pontalis (1967), a recusa da castração é o protótipo e a origem das outras recusas da realidade. Mesmo admitindo que, para o sistema freudiano, trata-se, essencialmente, de *recusa da ausência do pênis na mulher*, reconhecem que o objeto mais amplo da recusa é "a realidade de uma percepção traumatizante" (p. 562). Diferentemente do recalcamento, cujo objeto situa-se no interior do aparelho psíquico, a recusa tem por objeto uma *realidade exterior*. Discutindo o objeto da recusa, os autores se indagam se ele seria a realidade mesma ou a percepção da realidade, para sugerir que tal objeto é, em verdade, "uma teoria explicativa dos fatos". Assim, concluem que a recusa incide "fundamentalmente num elemento *básico* da realidade humana, mais do que num hipotético fato perceptivo" (p. 564). Ora, esse elemento básico, não explicitado em sua natureza por Laplanche & Pontalis, pode significar, a meu ver, as condições primárias do pensamento, ligadas, de algum modo, às categorias básicas de espaço e de tempo – ou categorias, *a priori*, do conhecimento na filosofia kantiana –, necessárias, por sua vez, à estruturação de noções tais como ausência/presença, corpo, movimento, separação e processualidade. É assim que se torna possível, por exemplo, falar em *recusa da falta* nas adicções ou de *recusa da separação* em casos de pacientes *borderline*. Para tanto, é evidente, não podemos circunscrever a recusa ao fenômeno da castração fálica, mas temos de admitir que se trata de um mecanismo defensivo precoce, do qual a criança lança mão já nos tempos que precedem o conflito edípico tal como descrito por Freud. Nesses momentos, encontra-se em funcionamento uma *recusa estrutural*, como a nomeia Myrta Casas de Pereda (1996), em oposição à *patologia da recusa*, que é a sua permanência como defesa básica para além dos tempos do conflito edípico, como ocorre na perversão.

A ideia de *recusa do tempo* que será exposta aqui, embora não diga respeito exclusivamente ao fenômeno da perversão, teve aí o seu ponto de partida. Foi justamente a partir da observação de determinados mecanismos presentes em pacientes perversos que formulei essa proposição. A recusa do tempo parece ocupar um lugar importante na dinâmica psíquica da perversão, assumindo uma configuração particular nesse quadro psicopatológico. Mediante outras formas ela se faz presente, também, em quadros como o da psicose em geral e de determinadas patologias caracterizadas por uma presença significativa da ansiedade. No autismo especificamente, como demonstra Bettelheim (1967), a recusa do tempo ocupa um lugar proeminente.

O conceito de *recusa*, portanto, surge em Freud atrelado à ideia específica de recusa da castração, mas vai ganhando outros contornos, especialmente quando referida à psicose[27]. Se no fetichismo – modelo teórico prototípico da perversão em geral – é a castração o objeto precípuo da recusa, na psicose ele se amplia em direção à realidade *lato sensu*. A recusa comporta, portanto, vários objetos, o que lhe confere faces variadas que, todavia, não lhe retiram a unidade conceitual. Bernard Penot (1989) tratou das "figuras da recusa", levantando diversas das suas possibilidades de funcionamento. Maria Helena Fernandes (1999), por sua vez, falou em *recusa do corpo*, ideia que foi uma das fontes que me levaram a pensar naquilo que estou chamando de *recusa do tempo*. Tratando de pacientes que apresentavam enfermidades somáticas, Fernandes observou em alguns deles um fenômeno a que chamou de *recusa da realidade dos sinais somáticos*, o que considerou uma das faces da *Verleugnung* freudiana. Essa recusa dar-se-ia por uma "surdez" em relação a sinais somáticos, que poderia chegar a uma intensidade francamente psicótica. Em alguns pacientes, observa a autora, "uma doença poderia apresentar períodos mais ou menos longos

[27] Decio Gurfinkel (2000) é um dos autores que argumenta que, no caso da psicose, diferentemente do fetichismo, não é possível manter a ideia da centralidade da castração.

de silêncio, durante o qual nenhum sintoma era detectado e assim nada atestava a existência de um processo mórbido" (p. 44-45). Possivelmente, nesses pacientes, o que se encontra em jogo como objeto da recusa seria "um fantasma de indestrutibilidade do corpo, como se o sujeito se recusasse a ver-se como vulnerável" (p. 47). Haveria um sentimento de onipotência a ser sustentado contra a própria realidade somática.

Essa ideia faz sentido não apenas no caso dos pacientes somáticos descritos por Fernandes, mas também quando estendido a determinados fenômenos observados na perversão. Em outras oportunidades (Ferraz, 2000 e 2004), descrevi o caso de um paciente que preenchia todos os quesitos daquilo que, em psicanálise, convencionou-se chamar de "perversão". Pois bem, impressionava-me a intensidade com que ele tratava de recusar sinais que partissem de seu corpo, desde que fossem sinais indicativos dos limites do funcionamento corporal ou indicassem a *falibilidade* do corpo, o que, para mim, bem poderiam ser tomados como representantes ou derivados da castração, à medida que esta assinala a insustentabilidade da onipotência. André, como chamei o paciente, entregava-se a uma dura jornada de trabalho mesmo após ter passado uma noite toda em busca de aventuras sexuais. Suas sessões analíticas ocorriam logo no início da manhã; pois bem, ele ali comparecia após uma noite praticamente insone, depois de já ter feito mais de uma hora de ginástica, ter-se barbeado e vestido a rigor para o seu dia de trabalho, que seria longo e, por vezes, estender-se-ia até tarde da noite. Quando doente, às vezes com febre, não mudava nada em sua rotina: mantinha as reuniões de trabalho, as viagens e a feérica busca de parceiros sexuais noite adentro.

Uma das diversas aproximações de Freud da noção de recusa – antes de formulá-la com clareza no texto sobre o fetichismo – esboçou-se, a meu ver, no belo texto "*Sobre a transitoriedade*", de 1916. Freud ali fala do sentimento de inconformismo de um amigo poeta com quem empreendera uma caminhada num dia de verão. O poeta sentia-se perturbado pelo fato de que toda a beleza natural de que podiam fruir naquele dia estivesse fadada à extinção quando o inverno chegasse, assim como também um dia deixariam de existir "toda a beleza humana e toda a beleza e esplendor que os homens criaram ou poderão criar" (p. 345). O poeta parecia apresentar um sentimento melancólico ante o fato de que, afinal, tudo está fadado à transitoriedade; inevitável supor que a própria existência está aí compreendida, senão que é a sua finitude o objeto mesmo da dor do poeta (e da humanidade e, acrescentaria eu), deslocado para a beleza da natureza e da arte. E tal sentimento penoso, prossegue Freud – em uma franca definição do que viria a ser mais tarde em sua obra a *dissociação* do *ego* (*Spaltung*) – dá ensejo a dois impulsos diferentes na mente (e opostos, poder-se-ia acrescentar): "um leva ao penoso desalento sentido pelo jovem poeta, ao passo que o outro conduz à rebelião contra o fato consumado" (p. 345). A "exigência de imortalidade", como produto do desejo, não pode "reivindicar seu direito à realidade", sustenta Freud. No entanto, ela persiste no mundo mental como fruto da recusa, pode-se dizer...

No paciente de que falei, havia uma instigante articulação entre *corpo* e *tempo*. Assim como se recusava o corpo em sua faceta que lembrava a falibilidade (doença, cansaço, dor, envelhecimento, perda da beleza e morte), recusava-se o tempo exatamente no seu aspecto de indicativo do envelhecimento. Tanto é que, na primeira entrevista para a análise, André, então com trinta e poucos anos, conta-me de sua vida sexual promíscua, com um número enorme de parceiros, para em seguida dizer que o que o angustiava era o fato de *o tempo estar passando* e ele prosseguir sem ter ninguém que fosse para si um objeto de afeto significativo. Ora, qualquer relação com a história de Dorian Gray, de Oscar Wilde, não é mera coincidência. O desespero dessa personagem diante da perspectiva de envelhecimento é ao mesmo tempo algo particular na intensidade, mas universal na essência. A semelhança entre Dorian Gray e o paciente André não escapou a Joyce Freire (2000), que vê a trama de Oscar Wilde desenrolar-se exatamente diante do fenômeno da "implacabilidade do tempo", levando seu personagem "a fazer negociatas com o imponderável e imaginar que poderia burlar [...] a *falibilidade* do corpo" (p. 118). Ora, essa recusa do envelhecimento, na qualidade de recusa do tempo encarnado no próprio sujeito, sabemos, tem seu correlato na recusa do tempo encarnado no objeto, que aparece frequentemente no descarte dos parceiros que vão envelhecendo, situação socialmente bastante comum, especialmente nos homens. Esse horror ao envelhecimento é um fenômeno mais do que entranhado na chamada "normalidade" cultural, que apenas adquire ares de patologia quando levado a extremos, como no caso de Dorian Gray... Os disfarces da idade, tão corriqueiros e normais[28], são parte de uma linha contínua que, ao adentrar o terreno da perversão, pode transformar-se em outras modalidades correlatas de substituição do autêntico pelo falso, como expressão da troca do genital pelo anal, quando este vem sobrepujar o primeiro sob a forma de certa "ideologia psíquica" perversa. É neste ponto que podem surgir, entre outras formações, o "fetiche pela prótese" (idealização do falso), como afirma Chasseguet-Smirgel (1984).

No que toca à recusa do tempo na perversão, de modo mais específico, encontrei em dois autores fundamentos bastante consistentes para defini-la. São eles Georges Lanteri-Laura (no livro *Leitura das perversões*) e Janine Chasseguet-Smirgel (no livro *Ética e estética da perversão*). Vejamos como cada um deles trabalhou essa ideia.

Lanteri-Laura (1979) afirma que há na perversão uma negação do tempo e da morte, expressa em uma fixação na pré-genitalidade. Para tanto, ele reúne, em sua concepção de perversão, momentos diferentes da teorização freudiana sobre esta formação psíquica, a saber, aquela inicial, dos "Três ensaios sobre a teoria da sexualidade" (1905), e aquela final, do artigo *Fetichismo* (1927). Assim, ao mesmo tempo em que fala da

[28] Alcimar Lima (2006) afirma: "A não aceitação da velhice, a explosão desmesurada do botox, as cirurgias plásticas sem fim, são tentativas de reter o movimento do tempo. É um sintoma mortífero de nossa época".

perversão como "parada de desenvolvimento" libidinal, toma o fetiche como o próprio *produto* desta parada.

Segundo Lanteri-Laura, pode-se falar em fetiche fora da perversão. Mas, enquanto o fetiche do sujeito "normal" (*sic*) aproxima-se da genitalidade e não assume exclusividade na vida sexual, no caso do fetichista, ao contrário, ele é exclusivo e está longe da genitalidade. Descartando uma caracterização da perversão por meio de um ou outro comportamento sexual específico, o autor retoma, contudo, um conhecido raciocínio de Freud presente nos "Três ensaios", que concerne à exclusividade de um dado componente da sexualidade, enfatizando o seu aspecto de fixação *no tempo*:

> A perversão é marcada, pois, não por este ou aquele comportamento, já que muitos deles existem como elementos diacrônicos e provisórios do prazer preliminar, mas pela eleição absoluta de um momento e por sua exclusão do encadeamento erótico: ele determina o orgasmo, em vez de aumentar a excitação, e prevalece por si só, em vez de participar de uma diacronia. Persiste, apesar de tudo, o fato de que os sujeitos normais fazem a mesma coisa, mas não se comprazem com isso e vão adiante. (p. 76-77)

O perverso desconhece a hierarquia dos estágios libidinais. Os elementos pré-genitais, não se subordinando à genitalidade, sofrem um processo de fixação cujo significado não é apenas o de fixação a uma forma de obtenção de prazer, mas também sobretudo, a um *momento* do desenvolvimento psicossexual, o que reafirma a sua qualidade eminentemente *temporal*. Não participar de uma diacronia significa, portanto, incluir os elementos pré-genitais em um regime de "anacronia", se é que podemos assim dizer. Eis, então, o caráter de "parada" que se afirma na fixação rígida. Lanteri-Laura vai mais longe, indicando que no fim desse trajeto da recusa o que se encontra é a própria morte:

> As perversões aproximam-se da morte, na medida em que desconhecem a temporalidade: como denegação de um encadeamento, preferência atribuída a um instante eternizado e recusada ao desenvolvimento no tempo, elas se situam no extremo oposto da vida, não apenas por serem biologicamente estéreis e não gerarem ninguém, mas principalmente por provirem da negação do tempo. (p. 78)

A não evolução da organização libidinal, tal como já propunha Freud, é fundamentalmente, então, uma *exclusão da temporalidade*. A fixação em certo comportamento e a sua repetição sem fim são, desse modo, *expressão* dessa exclusão. Se na recusa estrutural (Pereda, 1996) a exclusão da temporalidade pode ser vista como um momento evolutivo, na patologia da recusa ela assume outro caráter; continuemos com Lanteri-Laura:

> Exclusão da temporalidade: essa ocorrência já não é, como na criança, um momento na evolução da sexualidade, e sim

> um ponto final que se irá repetindo, mas não se transformará em nada diferente. Assim encontramos, mais uma vez, o cisma e a morte: cisma, porque o perverso separa um processo do conjunto das condutas eróticas, e morte, porque o tempo é excluído e nada mais se transforma em outra coisa. (p. 79)

Janine Chasseguet-Smirgel (1984), por sua vez, ao caracterizar a prática sexual do perverso, fala de uma espécie de atividade "fora do tempo". Seu ponto de vista sobre a questão, portanto, não difere, em essência, daquele de Lanteri-Laura. Lançando mão do recurso à disposição biológica peculiar a cada momento do desenvolvimento, ela vincula a atividade erótica pré-genital, ao tempo da infância, à proeminência da zona erógena em questão. A fixação na perversão do adulto, seria, assim, um anacronismo:

> Não nos parece certo não considerar o que Freud, num adendo de 1915, chama de o *fator tempo*. Realmente, o interesse da criança pela atividade da sucção ou da defecação, a obtenção do prazer que ela tem com isso, é correlativo à sua disposição biológica. Existe coincidência temporal entre sua aptidão psicológica e a obtenção do prazer que ela encontra em sua atividade e que ela irá procurar logo por si mesma. Por outro lado, esse sincronismo não existe no adulto perverso, que continua nas suas satisfações aparentemente anacrônicas que, pode-se dizer banalmente, "não são mais para a sua idade". (p. 34)

A recusa do tempo, assim, vai ganhando diversas e sucessivas expressões. A sua manifestação por meio da fixação significa, mais diretamente, uma recusa da evolução libidinal ou da "mudança de fase". Mas a exclusão da temporalidade, como vimos, pode impregnar-se na imagem tanto do próprio sujeito como na de seu objeto, quando então temos uma recusa *encarnada*. É o caso tanto de Dorian Gray quanto de todos que recusam o passar do tempo consubstanciado no envelhecimento, como dos que descartam seus objetos que trazem a prova da passagem do tempo indelevelmente marcada em seu corpo, como naquela piada corrente em que um sujeito diz que vai "trocar uma mulher de quarenta anos por duas de vinte".

Esse elemento específico da recusa do tempo encarnado foi tratada por Chasseguet-Smirgel, de modo peculiar, quando de sua abordagem do conflito edípico no perverso. À recusa da *diferença sexual* anatômica (Freud), ela justapõe uma outra recusa, para ela tão fundamental quanto a primeira, que é a recusa da *diferença geracional* (e etária, portanto). Trata-se, no fundo, do entrincheiramento das pulsões no cenário incestuoso, mostrando como muitas das atividades sexuais do perverso encenam uma não adesão ao pacto que prevê a renúncia libidinal ao objeto familiar, como mostrou Joyce McDougall (1978, 1982 e 1985) em diversas ocasiões.

Até aqui estamos falando da recusa do tempo no universo mais particular da perversão. No entanto, partindo da observação clínica, é possível localizá-la em diversos outros quadros psicopatológicos, aí incluída a própria "normalidade", se acaso houvesse algo a que pudéssemos assim chamar. Sem pretender esgotar as formas da recusa do tempo que se encontram na clínica, mencionarei, além da perversão, a sua presença em casos de pacientes *borderline*, em determinados quadros de ansiedade e na psicose, particularmente no autismo. Além disso, poderíamos lembrar também da *luta* contra o tempo que se estabelece em alguns rituais dos neuróticos obsessivos, embora aí já não caiba falar propriamente em recusa, mas sim numa espécie de defesa neurótica. Essa questão, entretanto, foge ao nosso foco momentâneo.

No perverso, a prevalência da recusa sobre o recalcamento no funcionamento psíquico deve ter sua origem nas lutas psíquicas travadas em torno do conflito edípico. O congelamento do sujeito em um determinado momento de seu desenvolvimento se deve ou ao terror de se avançar para um estágio posterior ou ao excesso de gratificação em um determinado estágio, que acabe por indicar à criança que não lhe seria proveitoso o caminho para frente. Chasseguet-Smirgel (1984) afirma que a sedução da mãe pode desencorajar o desenvolvimento da criança ao anular seu *desejo de tornar-se grande*, o que provoca um estancamento da libido e sua paralisação em um *momento do tempo*. Essa talvez seja a dinâmica típica da perversão, quando a recusa do tempo terá como corolário a formação do sintoma sexual, *acting* cujo argumento inconsciente a ser encenado é a tentativa de provar que a castração não existe, bem como não existem as diferenças sexual e geracional, a segunda incidindo particularmente sobre o fator tempo.

Em determinados quadros de ansiedade observa-se outra forma de sofrimento ligado ao tempo, mais ruidoso do que a que vimos na perversão. Alguns pacientes, patologicamente impacientes, não toleram nenhuma forma de espera; às vezes apresentam até mesmo uma espécie de "pânico" diante da *processualidade*, isto é, diante da necessidade de sujeitarem-se ao imperativo inelutável da passagem do tempo.

Uma paciente que tive – cuja atividade consistia na elaboração de projetos gráficos – não conseguia mais trabalhar em razão da ansiedade que sentia não no momento da elaboração dos seus projetos, mas na etapa posterior, isto é, na fase de produção. Saber que uma tarefa teria de ser realizada, para a seguir iniciar-se uma outra – e assim por diante, até que a obra estivesse concluída – era-lhe tão penoso que ela se viu impossibilitada de aceitar qualquer proposta profissional. Frequentemente tinha devaneios em que imaginava aparelhos que a libertariam da espera: objetos construídos em segundos, meios de transporte mágicos que a conduzissem de um lugar para outro sem a necessidade de dispêndio de tempo para o deslocamento etc. Suas crises de irritação quando era obrigada a esperar por alguma coisa – quando o trânsito não fluía bem, por exemplo – levavam-na a recorrer a medicamentos. Os psiquiatras que a atendiam ora diagnosticavam um transtorno do pânico, ora uma distimia. Na análise, foi ficando claro o papel crucial que o *fator tempo* exercia sobre seu mal-estar. Diante da peculiar demora do processo analítico, ela às vezes me perguntava se eu não poderia "ganhar tempo" conectando em sua cabeça um aparelho que me fornecesse todos os seus sonhos, à maneira desses aparelhos que medem a pressão arterial, constantemente, durante um dia inteiro. Ela sofria com o fato de ser necessária "uma sessão após a outra".

No caso de certas formas de ansiedade, portanto, não há propriamente *recusa* do tempo, mas uma espécie de luta compulsiva contra ele. É exatamente o fracasso da recusa – ou sua impossibilidade – que conduz a uma ansiedade desesperada, que pode ter como último fulcro o terror à morte. Nesses casos, o fator tempo assume a face do que chamo aqui de *processualidade* – sucessão de etapas no tempo –, que passa então a ser o objeto ansiogênico. Diga-se de passagem, a forma de acesso à categoria *tempo* na ontogênese é, por excelência, a aquisição desse sentido de processualidade, isto é, da passagem do tempo, da sucessão de fatos e, principalmente, da necessidade inelutável do encadeamento de ações ("tijolo por tijolo", como se diz em língua corrente). Na psicanálise freudiana a tolerância à processualidade, envolvendo espera e adiamento, já estava na base do processo secundário, e a noção de temporalidade necessária à sua aquisição provinha da experiência de descontinuidade contida na série frustração-satisfação.

Os problemas relacionados ao fator tempo nos pacientes ansiosos ganham ainda maior dramaticidade nos distúrbios *borderline*. A intolerância à espera, por exemplo, pode, nesses casos, remeter-se ao próprio comprometimento do processo secundário, para o qual a integração do fator tempo no conjunto de requisitos para o desenvolvimento psíquico é fundamental. Luís Cláudio Figueiredo (2004) trata desse problema, lembrando que, no teste de realidade, o objeto de suspensão é precisamente o tempo de resposta. Assim, a renúncia à satisfação tem o significado de satisfação futura, num outro tempo em cuja existência o sujeito deve confiar:

> O teste de realidade, conforme Freud já assinalava, comporta uma temporalidade: é necessário tempo de suspensão

> de resposta para que se efetue o confronto entre fantasia e realidade percebida, bem como a renúncia à satisfação imediata só ocorre com base na esperança de uma satisfação futura, mesmo que imperfeita. Tanto a suspensão da descarga como a esperança implicam o tempo: "não agora, daqui a pouco, daqui a pouco quando eu puder ver de outro ângulo, daqui a pouco quando uma comparação for possível, mais tarde quando eu tiver crescido, no futuro, quando eu for mais apto..." É o senso de realidade que conforma este espaço e tempo ampliados e multifacetados dentro dos quais se situam os lugares e os momentos que dão aos testes de realidade uma perspectiva temporal e permitem que eles se desdobrem em um processamento contínuo da realidade. É a triangularização edípica, no que contém de inclusão na exclusão e continuidade na diferença, que cria as condições propícias para a instalação do senso de realidade em suas dimensões espaciais e temporais. (p. 514)

A instalação do senso de realidade, então, passa necessariamente pela aquisição da temporalidade e da espacialidade, categorias, *a priori*, para a estruturação de todo pensamento e do acesso aos demais objetos compartilhados, ou seja, à própria *objetividade* (que vem a ser a base para o pensamento científico, como afirma Winnicott). A falha na formação da objetividade, que mantém o sujeito exposto à onipotência da fantasia (subjetividade), é a raiz da formação das psicoses.

A recusa do tempo significa, pois, a supressão de um elemento básico e necessário à organização de todos os demais fenômenos que conduzem ao estabelecimento da prova de realidade. Recusar o tempo é recusar o princípio de realidade na sua própria estrutura formal; daí a radicalidade de tal recusa. Kant (1781) já definia o tempo como uma "representação necessária subjacente a todas intuições". É nesse sentido que o tempo seria dado *a priori*, visto que somente *nele* torna-se possível toda a realidade dos fenômenos: "os fenômenos podem cair todos fora, mas o próprio tempo (como a condição universal da sua possibilidade) não pode ser supresso" (p. 44). O tempo é, assim, condição formal tanto para o acesso aos fenômenos internos como para os externos:

> O tempo é a condição formal *a priori* de todos os fenômenos em geral. [...] Na verdade (*o tempo é*) a condição imediata dos fenômenos internos (das nossas almas) e por isso mesmo também mediatamente a dos fenômenos externos. Se posso dizer *a priori*: todos os fenômenos externos são determinados *a priori* no espaço e segundo as relações do espaço, a partir do princípio do sentido interno posso então dizer universalmente: todos os fenômenos em geral, isto é, todos os objetos dos sentidos, são no tempo e estão necessariamente em relações de tempo. (p. 46)

Winnicott (1945) mostra como, no curso do desenvolvimento infantil ainda precoce, o bebê começa a adquirir, entre outras noções, o sentido do tempo, isto é, de anterioridade e posterioridade. Para demonstrar uma falha nesse processo, ele conta a história de um menino que, aos nove anos de idade, pergunta se o irmãozinho, que está para nascer, nascerá *antes* dele. Desse modo, para certos psicóticos, o sentido do tempo pode ser bastante inconsistente. A integração *no* tempo permitirá, no entender de Winnicott (1963), o domínio da ansiedade. Antes que o bebê possa ter seu senso de temporalidade pessoal, é a mãe quem se encarrega da manutenção da "marcha do tempo", funcionando, dessa forma, como um "*ego* auxiliar".

No autismo, o problema do tempo ganha contornos mais graves, como aponta Bruno Bettelheim (1967). Comentando o caso de Joey, paciente autista de Betttelheim, Arcangioli & Veney-Perez (2001) abstraem de sua teorização do autismo a ideia de que neste caso, "em estreita ligação com o espaço, instaura-se uma organização do tempo que atende a necessidades defensivas de caráter vital" (p. 126). O afastamento da temporalidade tem como finalidade, então, afastar a ameaça de destruição da própria vida, que é sentida como perigo iminente. Daí a necessidade imperiosa de "cristalizar o tempo" a fim de que a destruição não possa, enfim, acontecer:

> É através de sequências de comportamentos repetitivos que a criança detém o escoar do tempo. Assim, ela age como um condenado à morte que fumasse eternamente o último cigarro. Para deter o tempo, a criança autista tem que viver num universo imutável; essa é a principal coerção a que fica sujeita. (p. 126-127)

A problemática da temporalidade, como vimos, possui diversas faces e, sobretudo, diversos graus de gravidade. Na neurose e em certos quadros de ansiedade talvez seja melhor falar em uma "luta" contra o tempo, expressa por meio da formação de sintomas, que simbolizam o conflito em maior ou menor grau. No *borderline*, a luta contra a temporalidade infiltra-se nos *comportamentos*, produzindo como sintoma a própria descarga que se efetua por meio do *acting out*. Na perversão, podemos falar de *recusa do tempo* propriamente dita, que resulta na fixação libidinal e na montagem da cena sexual cujo argumento é a não existência da castração e, por conseguinte, da diferença etária e geracional. No caso do autismo, há um comprometimento da própria estruturação da realidade (aí incluída a temporalidade como dimensão fundamental), com falha no processo de integração da personalidade. A temporalidade, assim, não estaria recusada, mas suprimida, num processo mais próximo da *rejeição* (*Verwerfung*).

Para além da psicopatologia, entretanto, é fato mais que sabido que o fator tempo está no âmago da angústia humana em geral. O medo ao envelhecimento e à morte é apenas a ponta deste enorme *iceberg*, cujo "umbigo" está no narcisismo inerente ao homem, que sempre impregnou a visão do mundo e a explicação que a humanidade arranja para os fenômenos que a afligem. O homem sempre se quis senhor da natureza, e o seu triunfo sobre a passagem do tempo foi sempre algo sonhado. A inelutabilidade do tempo, no entanto, sempre foi fonte de angústia e do sentimento de impotência.

Até mesmo a ciência teve de reverter o pressuposto *a priori* da posição do sujeito "observador" como invariante diante de todos os fenômenos. Esse pressuposto, francamente narcisista, teve de ser derrubado pela física. Do mesmo modo, a humanidade criou esquemas explicativos que foram caindo por terra com o progresso da ciência. Freud (1917c) demonstrou como o narcisismo humano esteve presente nas teorias do geocentrismo, do etnocentrismo e do egocentrismo, impregnando assim a física, a biologia e a psicologia. Mas, como sempre ocorre, é a arte que absorve e expressa de modo mais preciso as agruras da vida humana. Poderíamos citar inúmeras passagens da literatura que fazem alusão à angústia que se articula com o tempo e às defesas que se criam para combatê-la. Seleciono aqui um poema de Catulo da Paixão Cearense (1971), intitulado "O trem de ferro", que trata, a meu ver, do problema central da passagem do tempo para o homem, desnudando o seu sentido encoberto e a defesa que se cria contra a percepção deste sentido.

O poema descreve uma cena em um trem de ferro, no qual um menino, olhando pela janela, vê tudo passar: "a montanha, os montes, os horizontes, o matagal cerrado, os penedos, os rochedos, os arvoredos, tudo a correr com a rapidez do vento tresloucado". Ele pergunta ao pai, então, para onde tudo aquilo estava correndo. Os outros passageiros, ao ouvirem a pergunta, caçoam do seu engano. Naquele momento, um dos passageiros, que era poeta, levanta-se e dirige-se a todos eles, censurando sua atitude e replicando:

E vós, ó meus senhores,
– Os cientistas, os sábios, os doutores,
Caís no mesmo engano lisonjeiro.
Pois, afinal, todos nós nos enganamos,
Quando, todos os dias, exclamamos:
– "Como é que o tempo passa tão ligeiro!"
É nós é que passamos! (p. 19)

3.

"Gnosticismo" perverso e "religião" obsessiva: considerações sobre o estatuto do ato[29]

Os esquemas comparativos entre as diversas categorias psicopatológicas são frequentes na literatura psicanalítica. As descrições diferenciais têm o poder de aclarar a especificidade de cada campo e, ao mesmo tempo, explorar suas interfaces. É assim que a histeria ora é comparada à perversão, ora à neurose obsessiva, e assim por diante[30]. O próprio Freud foi o primeiro a fazê-lo, ainda bastante precocemente, quando, na carta de 24 de janeiro de 1897 a Fliess (Masson, 1985) afirma que a histeria é o "negativo das perversões", conclusão que

[29] Este capítulo foi lido no *XIII Fórum Internacional de Psicanálise*, em Belo Horizonte, no dia 26 de agosto de 2004; foi publicado originalmente no livro *Obsessiva neurose* (São Paulo: Escuta, 2005), organizado por Manoel Tosta Berlinck, sob o título "A 'religião particular' do neurótico: notas comparativas sobre a neurose obsessiva e a perversão".

[30] Sobre a comparação da perversão com a histeria, ver o último capítulo do livro *Hysteria*, de Christopher Bollas (2000); sobre a comparação da perversão com a neurose obsessiva, ver o artigo "Problemática obsessiva e problemática perversa: parentesco e divergências", de Roger Dorey (2003).

viria a se converter em uma das mais conhecidas máximas da psicopatologia psicanalítica.

Em 1905, nos "Três ensaios sobre a teoria da sexualidade", esta afirmação é refeita. Todavia, aí já não é mais apenas a histeria que figura como o negativo das perversões. A menção agora é feita às neuroses no plural, ou seja, tomadas em seu amplo espectro: "as neuroses são, por assim dizer, o negativo das perversões", diz agora Freud (p. 168). Assistimos, pois, a uma generalização que daria margem à consideração das outras modalidades de psiconeuroses também como negativos da perversão; ente elas, naturalmente, a neurose obsessiva.

Pois bem, o nosso foco aqui será a comparação de certos aspectos da neurose obsessiva com a perversão, procurando desenvolver uma linha de raciocínio proposta separadamente por Guy Rosolato (1967) e Janine Chasseguet-Smirgel (1984). Alguns dos aspectos necessários à demonstração da sentença freudiana mencionada são, a meu ver, mais claramente encontrados em uma confrontação da perversão com a neurose obsessiva do que na sua comparação com a histeria, por um conjunto de razões que virão à tona a seguir.

Na carta de 24 de janeiro de 1897 a Fliess, Freud mostrava interesse pelo simbolismo das bruxas, especialmente em sua ligação com o universo anal. Dizia estar interessado em ler o *Malleus Maleficarum*[31] a fim de compreender a lógica dos

[31] O *Malleus Maleficarum* ("Martelo das bruxas"), escrito por Kramer & Sprenger e publicado em 1484, tornou-se uma obra célebre da doutrina demonista. Serviu de instrumento para a orientação dos inquisidores, ensinando-lhes a detectar os possuídos pelo demônio ou quem com ele compactuava (Pessotti, 1994).

métodos utilizados pelos inquisidores da Idade Média. E confessava estar sonhando com uma "religião demoníaca primitiva, com ritos praticados em segredo" (p. 228). Ao proceder assim, seu intento teórico era mostrar que, nas perversões, estamos diante de algo como "um remanescente de um culto sexual primitivo", semelhante ao que acontecia outrora numa religião do Oriente semita (Moloch e Astarte). Foi essa ideia, que precedia toda a sistematização teórica sobre a perversão em sua obra, que veio a inspirar Rosolato (1967) e Chasseguet-Smirgel na caracterização que fizeram da perversão e, para além disso, na sua comparação com a neurose obsessiva.

Antes de prosseguirmos nos detalhes dessa comparação, todavia, convém lembrar ainda mais uma passagem de Freud. Em 1907, no texto "Atos obsessivos e práticas religiosas", ele deixou outra afirmação axiomática, emitida em estilo metafórico, e que talvez só não tenha se tornado tão célebre quanto a primeira por ser uma fórmula menos abrangente, aplicável apenas a uma das ramificações nosográficas das psiconeuroses. Ele dizia que "a neurose obsessiva parece uma caricatura, ao mesmo tempo cômica e triste, de uma religião particular" (p. 123). Ou, como foi dito de modo mais explicativo e abrangente no mesmo trabalho: podemos atrever-nos a considerar a neurose obsessiva como o correlato patológico da formação de uma religião, descrevendo a neurose como uma religiosidade individual e a religião como uma neurose obsessiva universal (p. 130).

Essa comparação da neurose obsessiva com a religião se fazia em razão do "cerimonial" que se verifica tanto na sintomatologia daqueles que "sofrem de afecções nervosas" como "nas práticas pelas quais o crente expressa sua devoção" (p. 121). Em ambos os casos os cerimoniais obedecem a leis, sejam gerais ou particulares. Quer nos rituais neuróticos, quer nos atos sagrados, observam-se proibições compulsivas e fortes escrúpulos de consciência (sentimento de culpa). Além do mais, também em ambos os casos, os atos levados a cabo são prenhes de um sentido simbólico que expressa a experiência psíquica daquele que os realiza. Via de regra, a força da pulsão recalcada é vivida como uma tentação perigosa, contra a qual o sujeito deve cercar-se de *medidas de proteção*. Na neurose obsessiva os sintomas – ações obsessivas – são, assim, uma formação cujo objetivo é conciliar moções pulsionais antagônicas, vividas como forças que induzem a atos contraditórios.

Pois bem, nosso ponto de partida serão duas afirmações um tanto emblemáticas que recuperam, de certa maneira, o teor das sentenças freudianas. A primeira delas foi feita por Guy Rosolato (1967): "Parece que a perversão está para a gnose assim como a neurose obsessiva está para uma religião de tradição ritualizada" (p. 39). A segunda, da autoria de Janine Chasseguet-Smirgel (1984), diz o seguinte: "Se a neurose obsessiva é uma 'religião privada', a perversão é, então, o equivalente de uma 'religião do Diabo'" (p. 216).

Ambos os autores, retomando Freud, comparam a neurose obsessiva a uma religião e fazem da perversão, nesse sentido, seu oposto. Rosolato confronta as duas categorias, explorando a oposição entre *religião* e *gnose*. Já Chasseguet-Smirgel busca, para falar da mesma oposição entre perversão e neurose obsessiva, a antítese entre "religião do Diabo" – alusão que, de certo modo, pode endereçar-se também à gnose – e a religião propriamente dita, supostamente de Deus.

A história das religiões mostra como foi difícil para o cristianismo impor-se perante as seitas gnósticas que remanesciam da tradição grega, entre outras. Freud (1913) diz, em *Totem e tabu*, que "quando o cristianismo pela primeira vez penetrou no mundo antigo, defrontou-se com a competição da religião de Mitras[32] e, durante algum tempo, houve dúvida em relação a qual das duas divindades alcançaria a vitória" (p. 182). Sabemos por outras fontes que, de fato, muitas barreiras tiveram de ser erguidas contra as tendências gnósticas. E, *grosso modo*, seu correlato no plano ontogênico seriam as barreiras contra a sexualidade e a agressão que o homem civilizado – e, *a fortiori*, o neurótico obsessivo – teve de erigir. Trata-se das *medidas protetoras* de que Freud (1896) já se dera conta nos "Novos comentários sobre as neuropsicoses de defesa".

Comecemos por examinar a afirmação feita *tout court* por Rosolato (1967), procurando explorar sua significação e dar-lhe uma amplitude um pouco maior. Parece-me que um dos

[32] O deus Mitras era representado nas esculturas, sozinho, matando um touro. Isto chamou a atenção de Freud (1913), que vinha pensando que a civilização teria tido início no assassinato do pai primevo pelo conjunto dos filhos. Freud deduz, então, que aquelas imagens de Mitras deveriam simbolizar um filho sozinho sacrificando o pai, redimindo assim os irmãos da coautoria deste assassinato (p. 182).

elementos em que se funda tal comparação seria um aspecto essencial da gnose, que é o seu caráter de "contestação permanente da Lei, sem recurso à mediação" (p. 39). Nesse sentido, ela remete necessariamente à recusa (*Verleugnung*), mecanismo fundante da perversão. Seu oposto, a religião de tradição ritualizada, para constituir-se em tal, cedeu historicamente à proibição, tal como o obsessivo curvou-se ante o imperativo do recalcamento (*Verdrangung*). Rosolato faz ainda uma ilação de caráter evolutivo, por assim dizer. Apoiado na história das religiões, diz que "uma religião só se afirma depois de ter tido de se libertar das correntes gnósticas, não sem antes ter sofrido sua atração, ter voltado a elas para certas inspirações e para sua evolução" (p. 39). Certamente, esta é uma proposição desenvolvimental, que situa a gnose em um plano filogênico anterior ao da estruturação da religião de tradição ritualizada. No plano ontogênico, a mesma correlação poderia ser feita entre a perversão e a neurose obsessiva.

A gnose – ou o gnosticismo – propõe como possível algo que é muito tentador: o conhecimento pleno da divindade e o acesso a ela. Por essa razão, de acordo com Umberto Eco (1987), a gnose não seria uma religião para escravos, como o cristianismo, mas para senhores. Os iniciados na gnose são detentores de um segredo do qual a massa não compartilha. E o segredo, como tal, confere a quem o detém uma posição de exceção. Ora, é inevitável lembrar aqui de uma característica importante da perversão, que é a presunção de detenção do segredo do desejo sexual, assegurado pela execução da cena perversa da qual os comuns dos mortais ("normais") estão excluídos. Como afirma Joyce McDougall (1983), "imbuído da singularidade de sua identidade sexual, o desviante demonstra amiúde um sentimento de desdém em relação aos sexos "simples", das pessoas que fazem amor à moda antiga – à maneira como o fazia o pai desprezado e diminuído" (p. 38). Um paciente perverso me dizia, após narrar sua noite de orgia, que enquanto ele fazia tudo aquilo eu, provavelmente, estava em casa de pijama assistindo à televisão[33].

O termo *gnose* significa, literalmente, *conhecimento*, *sabedoria*. No sentido do gnosticismo, designa "conhecimento esotérico e perfeito da divindade" (Ferreira, 1986). Na tradição do racionalismo grego, *gnosis* designava o conhecimento verdadeiro do ser, em oposição à simples percepção (*aisthesis*) e à opinião (*doxa*) (Eco, 1987). O gnóstico, assim, além de ter a chave do contato direto com a divindade, almeja e supõe ter dela um conhecimento pleno. Não inibe sua curiosidade como o religioso cristão, nem é instado a alimentar o sentimento de impotência epistêmica diante de um Deus incognoscível e intocável. De modo análogo, pode-se dizer que o perverso *sabe*, e por isso julga conhecer o segredo do prazer sexual, enquanto o neurótico obsessivo *duvida* e deve se furtar ao contato e ao prazer. Não por acaso, são estas mesmas posturas transferenciais que indicam na clínica a presença de uma perversão ou de uma neurose. No primeiro caso deparamo-nos com uma posição de

[33] Ver o caso clínico exposto no capítulo 3 do meu livro *Perversão*, nesta mesma coleção.

desafio[34], enquanto no segundo encontramos um sujeito que se espreita diante do "suposto saber" do analista, para usar uma expressão da lavra lacaniana.

Na religião católica o pleno saber é vedado. Mais que isso: a presunção do saber é em si mesma um pecado. Deve-se crer na escritura e obedecer às restrições impostas por suas leis, mas sem o *saber*. Um exemplo prototípico desta situação é o mistério da Santíssima Trindade, que pressupõe um Deus em três pessoas. Não se trata de algo a ser compreendido. Cabe apenas crer e curvar-se ao imperativo de abnegação ante o saber. Afinal, segundo Santo Agostinho, seria tarefa mais factível colocar toda a água do oceano em um buraquinho da areia da praia do que entender o mistério da Santíssima Trindade. A gnose, ao contrário, segundo Rosolato, "constitui uma espécie de estado de proliferação, de fermentação, em que a descoberta, a revelação, encontram um terreno propício e as condições necessárias à invenção que fundamenta o objeto sagrado ou estético" (p. 39).

Prosseguindo no paralelo e passando das considerações sobre o *saber* para as hipóteses sobre a natureza do *fazer* na perversão e na neurose obsessiva, Rosolato lembra que, tal como na postura do gnóstico, "o perverso encontra-se [...]

[34] Donald Meltzer (1979) refere-se a esta postura transferencial como *perversão da situação analítica*. Já R. Horacio Etchegoyen (2002), unindo os pontos de vista tanto da escola lacaniana (com referência ao mesmo artigo de G. Rosolato que menciono aqui) como da kleiniana (com referência a Meltzer), propõe o conceito de *perversão de transferência*, descrito em paralelo com a *neurose de transferência* e com a *psicose de transferência*.

bem situado para as inversões e as revoluções que fazem progredir as escolhas culturais". E prossegue na comparação com a neurose obsessiva:

> Mas ao esforço obsessivo caberá estabelecer o detalhe das pesquisas, o procedimento da Lei e a obediência ritual, a fixação litúrgica e as pressões que impõem; a estrutura perversa sozinha pode perder-se em transformações contínuas, questionamentos e reformas ou nos acasos e veleidades de uma vida aventurosa e fulgurante. (p. 39)

Esta descrição do fazer do obsessivo em contraposição com o do perverso lembra-me diretamente um texto de Freud (1931), tão sucinto quanto interessante: "Tipos libidinais". Ali, Freud postula a existência de três tipos libidinais "puros" – o *erótico*, o *obsessivo* e o *narcísico* – e três tipos intermediários – o *erótico-obsessivo*, *erótico-narcísico* e *obsessivo-narcísico* – com o intuito de caracterizar o modo como cada um deles atua na cultura. O tipo *erótico* se caracteriza por uma dependência em relação ao objeto, isto é, sua principal necessidade é a experiência de ser amado; o tipo *obsessivo* se caracteriza por sua dependência em relação ao próprio *superego*, o que o limita e o coloca como uma espécie de agente perpetuador da moral estabelecida; o tipo *narcísico*, por fim, é o mais independente, tanto em relação ao outro como em relação ao *superego*. Ele tende a ser visto como uma "personalidade" em seu meio, podendo assumir a condição de líder. É ele que se encontra mais apto a transgredir a norma vigente, tanto no sentido do ato heroico e corajoso, quanto no sentido da liberação da destrutividade. Ou seja, o tipo narcísico pode se incluir em um espectro que vai do mais louvável herói ao mais abominável criminoso.

O tipo *erótico*, parece-me, aproxima-se mais do caráter histérico, enquanto a ação do tipo obsessivo, que recusa mudanças, assemelha-se ao "procedimento da Lei" e à "obediência ritual" de que fala Rosolato[35]. O tipo *narcísico*, aqui tomado como protótipo do *sujeito da recusa* (do perverso, portanto) encontra-se, tal como descrito por Rosolato para o perverso, bem situado para as "inversões e revoluções". No entanto, como lembrava Freud, esse espectro amplo do tipo narcísico contém um também amplo gradiente moral. Sua independência em relação ao outro e ao próprio *superego* pode transformá-lo tanto em herói como em criminoso. Portanto, um tipo narcísico intermediário – para ele o tipo *obsessivo-narcísico* – seria mais apto à tarefa da *construção da civilização*, tal como entendida em "O mal estar na civilização".

Na descrição desses tipos pode-se entrever a contribuição que uma teoria da formação do caráter advinda de considerações psicopatológicas tem a dar para o estudo da ética individual. Curiosamente (mas nem tanto, se pensarmos na sua contemporaneidade), a filosofia moral de Bergson apresentou

---

[35] Jean Laplanche (1988) também reconhece como característica do obsessivo a "recusa das novas possibilidades", por ele compreendida como evitação de tensões, ou seja, "uma manutenção a qualquer preço da homeostase, visando evitar qualquer sobrecarga, mas também qualquer hemorragia libidinal" (p. 25). Esta recusa seria um dos aspectos da manifestação da morte psíquica no nível do eu.

algumas ideias que coincidem com a ética dos *tipos libidinais* de Freud, especialmente no contraste existente entre o tipo *obsessivo* e o tipo *narcísico*. Em *As duas fontes da moral e da religião*, Bergson (1932) faz uma distinção entre a *moral estática* e a *moral dinâmica*. Para ele,

> Há uma moral estática, que existe de fato, em dado momento, em dada sociedade. Ela fixou-se nos costumes, nas ideias, nas instituições; seu caráter de obrigatoriedade reduz-se, em última análise, à exigência pela natureza, da vida em comum. Há, por outro lado, uma moral dinâmica, que é impulso, e que se liga à vida em geral, criadora da natureza que criou a exigência social. (p. 210-211)

Para Bergson, desta forma, a verdadeira consciência moral reside na moral dinâmica; ela se exprime propriamente através de uma obrigação transcendente e pode ser encontrada no herói e no santo. O herói, movido pela moral dinâmica, é um indivíduo inovador, que reúne condições de romper com os hábitos do grupo, criando, assim, novos valores morais. A moral estática, por sua vez, seria uma moral comum e cotidiana, limitada a hábitos coletivos socialmente exigidos, sem o caráter de obrigações transcendentes. Na verdade, ela se reduz à conformidade aos hábitos coletivos ou às necessidades sociais. Seu papel, em última instância, é o da manutenção do código moral vigente. Já a moral dinâmica, entendida como "moral da ruptura", opõe-se à moral conservadora, restrita ao objetivo da manutenção e da vigilância do código moral vigente, tal como aquela dos conformistas de Atenas que se indignavam com as lições de Sócrates.

Ocorre que o lugar do herói na cultura é reservado para os poucos que atingem condições de liderança. De acordo com Freud (1931), os indivíduos do tipo *narcísico*, em razão de sua independência, não se abrem à intimidação. São líderes que podem se colocar acima da norma comum. E o rompimento que operam com o padrão comum de ação se daria por duas vias possíveis: "pela estimulação do desenvolvimento cultural" ou pela "danificação do estado de coisas estabelecido". Daí a conclusão de que herói e criminoso se irmanam no caráter transgressor, formulação que traz uma indagação sobre a diversidade dos destinos do narcisismo, que se colocam em um espectro bastante amplo. Assim, o tipo narcísico que pode contribuir positivamente com a civilização não deve ser um tipo narcísico "puro": há que ceder às considerações morais impostas pelo *superego*. Por essa razão então é que, para Freud, trata-se do tipo *obsessivo-narcísico*[36].

A moral comum e cotidiana de Bergson, que se presta à manutenção do *status quo*, alinha-se ao tipo libidinal *obsessivo* de Freud, no qual predomina a ação do *superego*. Os indivíduos

[36] Patrick J. Mahony (1991), recorrendo à classificação proposta por Freud em "Tipos libidinais", arrisca situar o "Homem dos Ratos" no padrão *erótico-obsessivo*. E isso talvez tenha sido a desgraça do paciente de Freud: incapaz de se libertar de seu poderoso *superego*, permanecia ainda em dívida com objetos do mundo externo (pai e mãe), ou seja, com dever de obediência interna e externa e sem a independência peculiar ao tipo narcísico.

pertencentes a este grupo pouco criativo foram considerados por Freud como "os verdadeiros conservadores da civilização": carregam, atreladas fortemente ao *superego*, as normas civilizatórias e são dominados pelo temor da consciência. São, desse modo, mais *morais* do que propriamente *éticos*, isto é, pautam-se por um código rígido introjetado, deixando ao *ego* pouca margem de atuação. E pouco podem dar de si próprios para o desenvolvimento da cultura: são, antes, fiéis reprodutores do estado de coisas que encontraram[37].

Na ação do perverso sobre o mundo não haveria o gradiente representado pelo intermediário libidinal obsessivo ou erótico, no sentido estrito em que estas categorias aparecem no texto de Freud (1931). As "inversões" e "revoluções" de que fala Rosolato estariam mais para a assunção de um poder comumente só outorgado à divindade do que para a evolução civilizatória, de que fala Freud, ou do aperfeiçoamento de um padrão ético, de que fala Bergson. A ação de *mudança* a que se refere Rosolato, portanto, parece mais próxima da acepção dada por Nietzsche (1887) a esta palavra em uma passagem de *Para a genealogia da moral*, em que trata exatamente do fenômeno da *má consciência* (seria a mesma que assalta o neurótico obsessivo como uma espécie de lembrança inconsciente de seu "crime"?). Para Nietzsche, seriam "a hostilidade, a crueldade, o gosto pela perseguição, pelo assalto, pela *mudança* [grifo meu] e pela destruição" os elementos que se voltam contra o possuidor

[37] Trato mais detalhadamente desta questão no capítulo 6 ("Ética e caráter") do meu livro *A eternidade da maçã: Freud e a ética* (São Paulo: Escuta, 1994).

de tais "instintos", neles dando origem à *má consciência*, o que é incrivelmente parecido com as ideias de Freud sobre a formação e o caráter do *superego*.

O imperativo de "mudança", por si mesmo, é inicialmente neutro sob o ponto de vista da ética. Tanto pode ser um aprimoramento da cultura – da construção da civilização, como propõe Freud (1930) em "O mal estar na civilização" – como sua destruição. A oposição, considerando-se os tipos libidinais narcísico e obsessivo, seria entre a possibilidade e a impossibilidade de operar mudanças. Em outra oportunidade (Ferraz, 2001), tratando deste mesmo problema, propus que a aceitação de "qualquer coisa" como moralmente válida traduz-se em uma ideologia do "vale tudo" que anula os fundamentos éticos do sujeito, que são partes integrantes de sua própria identidade. Perder a capacidade de se indignar, de tornar-se perplexo ou de manifestar dúvida moral é uma operação que acaba por solapar as identidades subjetiva e cultural das pessoas. Às vezes, os valores podem reduzir-se a pó em nome da futilidade da moda.

Proust já observava a frivolidade mundana que fazia com que algo estivesse sempre mudando na sua França: à guisa de uma mudança de moda, banalizava-se o que era um valor verdadeiramente humano. Dizia Proust (1981) que, "semelhante aos caleidoscópios que giram de tempos em tempos, a sociedade coloca sucessivamente de modo diverso elementos que se supunham imutáveis e compõe nova figura" (p. 70). A mudança à qual ele se referia (perversão social?) não advinha de uma dinâmica crítica de reconsideração dos fatos sob novos paradigmas éticos, mas do cinismo que permitia as alterações na mais flagrante ausência de sustentação moral. Freud (1931) não negligenciou esse problema, pois o agente da civilização era, para ele, o tipo libidinal *obsessivo-narcísico*, um sujeito crítico capaz de promover a síntese entre seus valores e a necessidade de ação e de mudança.

Passemos agora às considerações sobre a comparação feita por Janine Chasseguet-Smirgel entre neurose obsessiva e perversão, a primeira sendo a "religião privada" do neurótico e a segunda o equivalente de uma "religião do Diabo". Em Rosolato, a relação do sujeito com o *saber* e com o *fazer* esteve em evidência. Esse não é o escopo privilegiado de Chasseguet-Smirgel, embora suas considerações também toquem incidentalmente nessa questão específica. Vejamos.

Chasseguet-Smirgel (1984), como Rosolato, recorre à história da religião e à gnose como fundamentos culturais de suas proposições de caráter ontogênico para a neurose obsessiva e a perversão. Assim, ela vê na gnose, a exemplo do que vê na perversão, "o desejo de roubar o lugar de Deus" (p. 223), impressão, aliás, corroborada por Umberto Eco (1987), que nela vê uma expressão cultural da condição psicológica de um sujeito (o homem do século II) para o qual "o mundo é fruto de um erro". Considerando-se um fragmento da divindade, o gnóstico pode retornar ao Deus criador imperfeito e contribuir para corrigir a falha original na criação do mundo. Ele se torna, desta forma, uma espécie de "super-homem", pois a divindade só poderá recompor o seu rompimento original com a ajuda dele.

Essa forma de conceber a gnose explicitada por Umberto Eco será a própria base de sustentação do argumento de Chasseguet-Smirgel sobre o sentido do ato do perverso. Para demonstrá-lo, é necessário iniciar pelo duplo sentido do qualificativo "diabólico" que ela atribui à perversão.

Foi a partir do século IV que a figura de Lúcifer passou a frequentar a tradição cristã. Desde então, tornou-se personagem recorrente das heresias gnósticas, representando "o mestre e o modelo dos que se rebelam contra o Criador" (Chasseguet-Smirgel, 1984, p. 216-217). Ora, o argumento perverso, por seu turno, passa pela semelhante ilusão de que ele, o perverso, pode se constituir como um ser autoengendrado, subjetiva e sexualmente. Este autoengendramento da sexualidade não é outra coisa senão o que Joyce McDougall (1992), de modo perspicaz, chamou de *neossexualidade*, invenção defensiva que tem a finalidade de manter intactos os limites do corpo e protegê-lo contra o retorno do sadismo primitivo que pode transformar o autoerotismo em autoagressividade. A solução perversa consiste, essencialmente, na erotização desta pulsão mortífera.

Pois bem, voltando a Lúcifer, temos que sua significação desdobra-se em duas direções intercomunicantes: a idealização da analidade e um encorajamento do orgulho humano na rebeldia contra Deus. É a consideração simultânea dessas duas faces de Lúcifer (ou Satã) que permitirá a Chasseguet-Smirgel demonstrar a oposição entre lei e perversão e, mais que isso, a relação essencial entre a perversão e o *hybris* – violência, excesso, descomedimento, exagero – que era, para os gregos, a própria representação do pecado.

A evocação do *hybris* conduz, primeiramente, a uma constatação mais direta, que é a da existência de um ideal de profanação do sagrado na perversão, que permite, então, concebê-la como uma "religião do diabo", tal como na carta de Freud a Fliess de 1897. Em segundo lugar, permite uma exploração semântica do termo que, associado à perversão, desemboca nos seus sentidos de *mistura* e *hibridação*.

Na religião judaica, por exemplo, há inúmeras proibições e restrições ritualizadas, ligadas exatamente ao misturar. "Não cozerás o cabrito no leite de sua mãe", diz a Tora (*apud* Chasseguet-Smirgel, 1984, p. 218), numa proibição que nossa autora assimila à interdição edípica que impede a mistura (união) entre o filho e a mãe. Ora, o imperativo sadeano, sabe-se, é exatamente a mistura – a indiferenciação – com vistas à desconsideração da proibição do incesto, que se estende à recusa de toda e qualquer diferença sexual e geracional[38].

Aqui nos aproximamos de mais um ponto relevante no diferencial entre o neurótico obsessivo e o perverso, que é exatamente a relação que cada um deles mantém com o par antagônico mistura/separação. As interdições são, por excelência,

[38] Era justamente no culto de Astartéia, deusa do amor, da fertilidade e das colheitas (citado por Freud na carta a Fliess, juntamente com o culto de Moloch, como exemplo de "religião do diabo") que se cozinhava o filhote no leite de sua mãe.

fundadas no princípio da divisão e da separação, tal como aparece nitidamente no mecanismo defensivo do isolamento na neurose obsessiva, ao contrário do que sucede na perversão. A imposição de proibições alimentares na história da religião pode ter sido, de acordo com Chasseguet-Smirgel, uma luta do monoteísmo judaico contra o paganismo, luta que, inicialmente de ordem externa, teria ganhado contornos intrapsíquicos.

Concluindo de modo bastante sintético, nossa autora dirá que "a proibição é um reflexo do conflito entre as formas matriarcais e as formas patriarcais da sociedade" (p. 218). É assim que a mistura da carne com o leite simbolizaria a fusão entre mãe e filho, com a exclusão do pai. Na neurose obsessiva, a percepção do desejo, submetida ao recalque, conduz à formação oposta de um imperativo de *separação*. Embora o impulso sexual tenha uma gênese sádico-anal – e, nesse sentido, não difira do impulso perverso – as técnicas defensivas são vigorosamente ativadas, dando origem, no plano físico, ao tabu de tocar, cujo correlato, no plano psíquico, é o mecanismo do *isolamento*. Chasseguet-Smirgel prossegue no paralelo entre a neurose obsessiva e a religião nesse quesito, recorrendo às figuras da separação na explicação bíblica das origens do mundo. Conforme consta no livro do *Gênesis*, Deus criou o mundo dando ordem ao caos que então reinava, em uma operação essencialmente de *separação*, entre a luz e as trevas, o dia e a noite, o firmamento e as águas e assim por diante. Uma particular separação foi feita entre as espécies vivas que foram criadas: cada qual passaria a se reproduzir a partir de cruzamentos restritos entre seus exemplares, ficando impedida a *hibridação*. Ou, uma vez cruzados animais de espécies diferentes, a cria (o híbrido) torna-se estéril, incapaz de reproduzir-se.

O duplo caráter de Lúcifer manifesta-se no *hybris*, portanto, à medida que "o orgulho, o descomedimento, o desejo de roubar o poder de Deus, a *hibridação* se expressam na mistura, o desejo de retornar ao caos original de onde jorrará uma nova realidade" (Chasseguet-Smirgel, 1984, p. 223). Esse é o universo sadeano, revelador da "ideologia" psíquica própria da perversão. As doutrinas gnósticas não propunham outra coisa senão a abolição da separação entre Deus e o homem, cuja fusão seria a expressão imaginária de um retorno do filho ao interior da mãe, recusando a lei paterna. A religião impõe a lei e pode proibir aquilo a que o gnóstico se dá o direito. No entanto, ela não pode abolir o desejo e a tentação, tal como a lei do pai não impede no neurótico obsessivo a manifestação inconsciente de desejos pré-genitais e edípicos.

A proibição de ver a face de Deus, expressa na *Bíblia*, encontra, na própria escritura sagrada, exceções que desvelam o desejo oculto. Chasseguet-Smirgel (1984) aponta uma delas em uma passagem da "Epístola de São Paulo aos Gálatas", quando, contrariando o princípio geral daquela proibição no Antigo Testamento, ele diz que a prática da caridade poderia levar o homem a ver a face de Deus. Ou, ainda, quando Paulo tenta subordinar a lei à fé e abolir a separação entre criador e criatura, exclamando não ser mais ele mesmo, mas o Cristo que nele vive (p. 237). Ora, é exatamente esta tentação que é desenvolvida na gnose, quando a religião cristã levantará seus baluartes contra ela.

Quanto ao tabu de tocar, ele foi largamente explorado por Freud (1913) em *Totem e tabu*, inclusive na semelhança estrutural entre o tabu dos povos primitivos – a proibição de tocar o totem ou de comer o animal-totem sagrado – e o tabu particular do neurótico obsessivo, que eleva certas proibições à posição de lei incoercível. No domínio da perversão, o sentido atribuído ao tocar por Chasseguet-Smirgel é o de profanação do sagrado. No plano da cultura, o tabu de tocar será quebrado apenas em ocasiões especiais, sob licença da própria lei, como no caso prototípico do "banquete totêmico". É a distensão necessária para que se suporte o peso da lei, como justifica Freud tendo em vista o princípio econômico.

O *tocar*, que assume um caráter impulsivo na perversão, é, pois, sujeito a inibições e proibições na neurose obsessiva. Transforma-se em tabu. Um paciente perverso que tive[39] contava-me de sua especial predileção pela prática sexual com mecânicos e borracheiros sujos de graxa, com o intuito de ver depois, em seu próprio corpo e em sua roupa, as marcas de sujeira. Essas eram lembrança e prova do contanto físico entre os corpos[40]. Já outro paciente, que apresentava

[39] Este caso está narrado tanto em meu livro *Perversão*, nesta mesma coleção, quanto no artigo "A possível clínica da perversão" (Ferraz, 2000b).

[40] Exemplifico o tocar, neste caso, como operação de "profanação", em razão da história do paciente, que não cabe ser aqui relatada em detalhes. Apenas gostaria de marcar o fato de que, na infância, sua mãe o obrigava a vestir-se de branco quando ele saía para brincar na vila em que morava; ela exigia ainda que ele não

aspectos obsessivos bem claros, sempre que recebia seu carro das mãos de manobristas, costumava passar uma flanela no volante antes de ali encostar suas mãos, pois sentia repulsa pela "sujeira" que eles ali haviam deixado. O desejo do contato – tocar – homossexual é patente em ambos os casos, mas o ato dele decorrente assume aspectos opostos.

Freud (1926) associa o mecanismo defensivo do *isolamento*, peculiar à neurose obsessiva, ao tabu de *tocar*, isto é, entrar em contato corporal – seja agressivo ou sensual – com o objeto. Como defesa psíquica, o isolamento impede que ideias se toquem. No artigo "A doença sexual: a intolerável invasão", Pierre Fédida (1991), com muita argúcia, desenvolve essa questão aberta por Freud. Para tanto, corrobora sua impressão de que a neurose obsessiva é um protótipo de todo funcionamento humano diante da realidade de uma sexualidade que se vê às voltas com a civilização:

> Os doentes obsessivos seriam exatamente aqueles que [...] permitem compreender a maioria das manifestações humanas. Em outros termos, a neurose obsessiva não seria apenas uma neurose entre outras, mas sua própria condição de funcionamento, sua natureza, as teorias que ela comporta na sintomatologia de seus doentes constituiriam precisamente o ponto de observação de todos os outros fenômenos. (p. 9)

---

sujasse sua roupa, que permanecesse "imaculado". Ao dar relevo ao caráter de "profanação", entretanto, não quero negligenciar um nível mais regredido do sintoma do paciente perverso, expresso pela importância da *sensorialidade cutânea* (Ahumada, 1999) no reasseguramento *egoico* obtido por meio do tocar.

Assim, a proibição do tocar que faz parte do instituído civilizatório primordial – ao menos na concepção de Freud[41] – aparece na neurose obsessiva desvelando o sentido da "doença sexual", vivida como uma "intolerável invasão". Prossegue Fédida: "toda situação com o paciente, devido exatamente a esta articulação entre o tabu de tocar e a proibição de tocar, implica a capacidade onipotente de tocar pelos pensamentos, de invadir pelos pensamentos" (p. 96).

O tocar é, por excelência, *ato*. E "no princípio foi o ato", diz Freud (1913, p.191) em "Totem e tabu", parodiando o livro do *Gênesis* que diz que "no princípio foi o Verbo". No processo civilizatório o pensamento ocupa uma parte do funcionamento humano antes totalizado no ato, assim como na criança parte do princípio do prazer cede lugar ao princípio de realidade. E no neurótico, particularmente no obsessivo, completa Freud, o pensamento pode se constituir como um substituto completo do ato. Por essa razão, talvez seja impreciso, sob o ponto de vista teórico, designar com o mesmo termo o *ato* e a ação obsessiva. Se o pensamento substitui e se contrapõe ao ato, o neurótico obsessivo é aquele que não *atua* (*acts out*); pelo contrário, ele

[41] Digo "ao menos da concepção de Freud" porque sua ideia de que antes do assassinato do pai primevo somente havia natureza e, portanto, aquele evento instituiu a civilização, recebeu ressalvas consideráveis. Castoriadis se inclui os críticos desta conclusão de Freud, para ele um equívoco sob o ponto de vista antropológico. Castoriadis (*apud* Costa, 1989) aponta, assim, o que seria um engano central em "Totem e tabu", afirmando que "onde ele (Freud) pensava que havia natureza, já havia cultura". Jurandir Freire Costa (1989) corrobora esta visão, acrescentando que, na horda, "o instituído já estava lá" (p.65).

vive à margem do ato, dominado pelo processo do pensamento. Seu "ato" seria, então, um *ato psíquico*, estruturalmente diferente do *acting out*[42]. Freud (1909) busca caracterizar as estruturas obsessivas exatamente pelo "pensar obsessivo": elas seriam "desejos, tentações, impulsos, reflexões, dúvidas, ordens ou proibições" (p. 223). Portanto, há que se distinguir o estatuto da ação obsessiva do ato perverso.

O *ato* propriamente dito, que pressupõe a insuficiência do processo de pensamento, estaria presente, então, na perversão e nas formas de psicopatologia afins, em que o caráter impulsivo predomina. Otto Fenichel é um autor que se preocupou com esta distinção, postulando uma diferença estrutural entre o fenômeno da *compulsão* e o da *impulsão*. Apesar de o perverso e o obsessivo sentirem-se compelidos a realizar ações, a maneira com que experimentam seus impulsos é diferente, e a esta diferença manifesta entre impulsão e compulsão deve corresponder uma diferença estrutural entre as duas formações psicopatológicas. Fenichel (1945) afirma que enquanto o neurótico obsessivo "sente-se forçado a fazer uma coisa que *não gosta* de fazer, ou seja, é compelido a usar a sua volição contra os seus próprios desejos", o perverso, por sua vez, "sente-se obrigado a 'gostar' de uma coisa, mesmo contra a sua vontade" (p. 303). No caso da compulsão do neurótico obsessivo, segundo Fenichel,

[42] Decio Gurfinkel (2005), no artigo "Ódio e inação: o negativo na neurose obsessiva", trata minuciosamente da distinção entre o *acting out*, próprio das neuroses impulsivas, e a ação simbólica característica da neurose obsessiva.

> [...] não se altera o fato de que o *ego* governa a motilidade, sem se sentir, porém, livre no uso da sua força orientadora, mas tendo de usá-la conforme certo comando estranho de agência mais poderosa, que lhe contradiz o juízo. É obrigado a fazer e a pensar, ou a omitir certas coisas, sob pena de sentir-se ameaçado por perigos terríveis. (p. 251)

Ora, no caso da impulsão perversa não ocorre uma formação sintomática ruidosa como tal para o *ego*. O ato não passa por este trâmite entre as instâncias psíquicas. Ainda que algum sentimento de culpa possa opor-se ao impulso, este é em geral experimentado como *ego*-sintônico, realizado com a expectativa de obtenção de prazer.

Chegamos, assim, a um ponto teórico bastante interessante que concerne à natureza e à função do sintoma neurótico. Esquematicamente, como acabamos de concluir, o sintoma obsessivo conduz ao desprazer – que pode ser até mesmo extremo – enquanto o sintoma perverso é vivido como prazeroso, até mesmo como um êxtase de gozo. Mas a economia do sintoma não é algo que caiba em um esquema assim tão simples. Vejamos.

No que concerne à *natureza* do sintoma, trata-se de uma formação de compromisso entre desejo e censura. No caso do "Homem dos Ratos" Freud (1909) reiterava sua fórmula geral do sintoma neurótico dizendo que os "atos obsessivos verdadeiros [...] só se tornam possíveis porque constituem uma espécie de reconciliação, na forma de um acordo, entre os dois impulsos antagônicos" (p. 245). Portanto, uma das faces do sintoma será a da satisfação substitutiva do impulso original que deu origem ao próprio sintoma. Por essa razão é que, em uma de suas definições, o sintoma foi considerado como o "ato sexual do neurótico".

É assim que, na neurose obsessiva, a defesa acaba sendo sexualizada e, de modo indireto e disfarçado, coloca-se a serviço das gratificações pré-genitais recalcadas. Ainda no "Homem dos Ratos", Freud diz que "os atos obsessivos tendem a se aproximar cada vez mais [...] dos atos infantis de caráter masturbatório", acrescentando que "quanto mais tempo persistir o distúrbio, mais evidente isto se torna" (p. 245). Portanto, a *função* do sintoma, que seria afastar o *ego* da realização do desejo proibido, passa a ser a de realização disfarçada daquele mesmo desejo. Ou seja, a força do desejo sexual recalcado transfere-se para a medida protetora. Ou, de acordo com Fenichel (1945), "as compulsões são obsessões que ainda se sentem como impulsos; são também derivados; e a respectiva intensidade também exprime a intensidade dos impulsos rejeitados" (p. 252).

No caso da moça de dezenove anos narrado por Freud (1917a) na conferência "O sentido dos sintomas", a natureza e a função do sintoma obsessivo ficam patentes. A paciente desenvolve um complicado ritual para dormir[43], no qual se inclui a exigência de que a porta do quarto dos pais, bem como a do seu

[43] Não entro nos detalhes deste curioso ritual, descrito de modo pormenorizado por Freud na conferência citada. Detenho-me apenas a um dos seus aspectos que é pertinente ao nosso tema.

próprio quarto, permaneçam abertas durante a noite. Os ruídos que vinham do quarto dos pais eram fonte de perturbação para ela. Ora, a *função* do sintoma – para além do seu *sentido* – era, entre outras coisas, impedir que os pais mantivessem relações sexuais. Seu sintoma vai ainda mais longe: não conseguindo conciliar o sono, apesar da estrita observância do ritual que visava a dar-lhe condições para tal, essa moça acaba trocando de cama com a mãe e assumindo seu lugar ao lado do pai no leito do casal. Eis, portanto o desejo edípico realizado!

É no texto "Inibições, sintoma e ansiedade" que encontraremos, em Freud (1926), o exame conclusivo desse processo:

> Os sintomas que fazem parte dessa neurose (obsessiva) se enquadram, em geral, em dois grupos, cada um tendo uma tendência oposta. São ou proibições, precauções e expiação – isto é, negativos quanto à natureza – ou são, ao contrário, satisfações substitutivas que amiúde aparecem em disfarce simbólico. O grupo defensivo, negativo dos sintomas, é o mais antigo dos dois, mas à medida que a doença se prolonga, as satisfações, que zombam de todas as medidas defensivas, levam vantagem. A formação de sintomas assinala um triunfo se consegue combinar a proibição com a satisfação, de modo que o que era originalmente uma ordem defensiva ou proibição adquire também a significância de uma satisfação. (p. 135)

Na neurose obsessiva, portanto, o sintoma cede cada vez mais espaço à satisfação substitutiva, "driblando" assim a frustração. Diz Freud (1926) que, se o sintoma representava, em sua origem, uma restrição para o *ego*, ele passa a representar uma satisfação, em razão da tendência do *ego* à síntese. É evidente, no entanto, que o sintoma é uma realização simbólica do desejo, privada do caráter francamente sexual (de descarga) do perverso. Portanto, o resultado final deste processo é "um *ego* extremamente restringido, que fica reduzido a procurar satisfação nos sintomas" (p. 141).

No ato obsessivo, a semente da desobediência se oculta sob a defesa. Na religião de tradição ritualizada este traço, como lembrança inconsciente de sua etapa gnóstica, também está presente, na figura da *tentação*. Haja vista o exemplo dado por Chasseguet-Smirgel e mencionado acima, quando o próprio apóstolo São Paulo, na epístola aos Gálatas, abre a possibilidade de os homens verem a face de Deus, numa tentativa de subordinar a lei à fé e abolir, assim, o fosso que separa o Criador da criatura no Velho Testamento. Chasseguet-Smirgel (1984) aí entrevê "o germe da substituição da efusão pela separação, do sentimento oceânico pela interdição moral. Sabe-se que é a gnose que irá desenvolver esta tendência, ou, sem dúvida, seria melhor dizer, essa tentação" (p. 237).

Se o próprio texto sagrado, como vemos, deixa-nos entrever essa tendência, outras manifestações culturais forjadas sob a égide da religião nos dão também demonstrações claras deste processo. Um exemplo é o fenômeno da impregnação da linguagem da mística pela retórica da erótica. A descrição pormenorizada da *oração de arrebatamento* feita por Santa Teresa d'Ávila, doutora da Igreja, traz com requinte as peculiaridades do êxtase místico. Ela descreve quatro espécies ou graus de oração[44]. Na última delas, que é a oração de *arrebatamento*, Santa Teresa d'Ávila (*apud* Granger, 1969) dizia atingir uma "alegria perfeita e inteiramente pura", e afirmava que

> [...] sabemos que dela gozamos, embora sem saber como; e sabemos que tal felicidade compreende todos os bens imagináveis, sem poder, todavia, conceber que felicidade é esta; todos os sentidos estão de tal maneira repletos e ocupados desta alegria que não poderiam aplicar-se ao que quer que seja de interior ou exterior. (p. 27)

Ora, a "impregnação dos sentidos" é uma referência à experiência corporal peculiar às sensações orgásticas, quando ocorre justamente uma espécie de desvanecimento dos sentidos concomitante a uma ruptura com o interior e o exterior.

É evidente que, no caso da oração de arrebatamento, a *pureza* com relação ao fator sexual mantém-se no plano ideal, mas a própria sublimação aqui assume o montante de prazer de natureza erótica que escapa. Falo em sublimação, evidentemente, pois não julgo que possamos falar de Santa Teresa d'Ávila como

---

[44] As quatro espécies ou graus de oração são: a oração *mental*, a oração de *quietude* ou de *recolhimento*, a oração de *união* e a oração de *arrebatamento*.

uma neurótica obsessiva. Mas cumpre lembrar que, com efeito, sublimação, formação reativa e recalcamento são "processos limítrofes", segundo Laplanche & Pontalis (1967). Ademais, o uso da natureza dos *resultados* da dessexualização como critério de distinção entre sublimação e formação reativa pode estar impregnado por *valores*, introduzindo uma variante alheia às estritas regras do funcionamento psíquico.

Aqui, mais uma vez, é possível recorrer à natureza do processo psíquico engendrado pela gnose para, de certa maneira, aproximá-la do *conhecimento místico* em sua conexão com o êxtase, tal como em Santa Teresa d'Ávila. A atitude mística como uma possibilidade do conhecimento seria uma espécie de "atalho" rumo à apreensão do objeto pelo sujeito cognoscente. Seu oposto seria o conhecimento científico[45].

Foi William James (1890), autor que se preocupou em compreender a atitude mística, quem fez figurar entre as características básicas dos *estados místicos* o seu aspecto de *estado de conhecimento*, visto que o sujeito que se encontra nesses estados possui a consciência de estar em contato com uma revelação que inexiste na experiência comum. Essa experiência seria, portanto, essencialmente irracional, tal como a magia.

---

[45] A *mística* a que me refiro aqui é, evidentemente, uma mística cristã. No entanto, os gnósticos eram místicos por excelência, e por isso sempre foram temidos pelas religiões estabelecidas. Segundo Chasseguet-Smirgel (1984), "o hybris está presente, de forma latente, no místico. A lei tende a desaparecer, para dar lugar ao 'sentimento oceânico'. Os exercícios espirituais visam a apagar os limites entre Deus e o Homem e o Homem, desta maneira, torna-se Deus" (p. 236).

Mais uma vez, então, deparamo-nos com um argumento para sustentar o fato de que o conhecimento intuitivo pela gnose "levava vantagem" sobre o método racional que o cristianismo buscava empregar na demonstração do sagrado (Eco, 1987).

A experiência mística se oferece como um substituto da razão. Enquanto a razão é uma espécie de longo caminho para se chegar ao conhecimento, a experiência mística representa um atalho em direção a um êxtase, que poderia, assim, "ensinar" muito mais do que aquilo que se aprenderia por meio da investigação racional, limitada por natureza ao paradigma de racionalidade dado. O êxtase é, ao mesmo tempo, conhecimento e gozo, motivo pelo qual a linguagem que o descreve como experiência íntima busca metáforas no campo erótico (Ferraz, 2000a).

Voltando ao nosso problema da neurose obsessiva, para encerrar, poderíamos nos indagar se a sexualização da defesa e a vazão da hostilidade ao objeto verificadas em sua cronificação nos permitiriam pensar que estaríamos, enfim, diante do ato (*acting*), contrariando a distinção proposta entre o *ato* na perversão e a ação obsessiva. Contudo, penso que não, pois, ainda que o sexual e o hostil extravasem no sintoma, sua manifestação não é direta, permanecendo simbolizada sob o recalque. E, como enfatiza Freud (1926), a vida sexual do obsessivo segue restrita, sendo o prazer fruído, de um modo prejudicado, pela via do sintoma.

Quando o terrível "não" se insinuava quase autônomo na oração que o "Homem dos Ratos" fazia, transformando o

"Deus o proteja" em "Deus não o proteja"[46], a intenção hostil vinha inelutavelmente à tona. Mas isso não é o mesmo que um ato agressivo ou assassino desfechado contra o objeto. O sintoma obsessivo, portanto, aproxima-se da satisfação da hostilidade ou das moções pulsionais sádico-anais apenas de modo assintótico. Seu movimento em direção ao *ato* bem poderia ilustrar o paradoxo de Zenão, segundo o qual há sempre uma outra metade do caminho a ser percorrida... E é precisamente esta lei do funcionamento neurótico, quando justaposta ao funcionamento do perverso, que nos dá a medida da diferença estrutural entre as formações psíquicas decorrentes do recalque e aquelas decorrentes da recusa.

[46] Freud (1909), no caso do "Homem dos Ratos", relata que seu paciente havia inventado uma complicada oração, que podia chegar a ter uma hora e meia de duração, porque em uma certa ocasião julgara que algo estranho (um "não") se inseria em suas preces, dando-lhes um sentido oposto. Sua intenção inconsciente, que havia sido recalcada, escapava, portanto, por meio daquilo que lhe parecia uma intrusão estranha.

Referências bibliográficas

AGOSTINHO, Santo (397/401) "Confissões". *Os Pensadores*. São Paulo, Abril Cultural, 1980.

AHUMADA, J.L. "Organização perversa e organização simbiótica na relação objetal narcísica". In *Descobertas e refutações:* a lógica do método psicanalítico. Rio de Janeiro: Imago, 1999.

ARCANGIOLI, A.-M. & VENEY-PEREZ, M.-C. "Um caso de B. Bettelheim: Joey ou o autismo". In NASIO, J.-D. (org.) *Os grandes casos de psicose*. Rio de Janeiro: Jorge Zahar, 2001.

BERGSON, H. (1932) "As duas fontes da moral e da religião". *Os Pensadores*. São Paulo: Abril Cultural, 1979.

BETTELHEIM, B. (1967) *A fortaleza vazia*. São Paulo: Martins Fontes, 1987.

BOLLAS, C. "O último capítulo". In *Hysteria*. São Paulo: Escuta, 2000.

CEARENSE, C.P. "O trem de ferro". In FERREIRA, R.M. (org.) *Estudo dirigido de português*. São Paulo: Ática, 1971.

CHASSEGUET-SMIRGEL, J. (1984) *Ética e estética da psicanálise*. Porto Alegre: Artes Médicas, 1991.

CLAVREUL, J. (1967) "O casal perverso". In CLAVREUL, J. *et al*. *O desejo e a perversão*. Campinas: Papirus, 1990.

COSTA, J.F. *Psicanálise e contexto cultural*. Rio de Janeiro: Campus, 1989.

DAYAN, M. "Normalidad, normatividad, idiopatía". In FUNDACIÓN EUROPEA PARA EL PSICOANÁLISIS. *La normalidad como síntoma*. Buenos Aires: Kliné, 1994.

DEJOURS, C. (1989) *Repressão e subversão em psicossomática:* pesquisas psicanalíticas sobre o corpo. Rio de Janeiro: Jorge Zahar, 1991.

DOREY, R. "Problemática obsessiva e problemática perversa: parentesco e divergências". In BRUSSET, B. & COUVREUR, C. (orgs.) *A neurose obsessiva*. São Paulo: Escuta, 2003.

ECO, H. "O irracionalismo ontem e hoje". *Folha de S. Paulo* (Ilustrada), 31 de outubro de 1987, p. A-36.

ETCHEGOYEN, R.H. "Perversión de transferencia. Aspectos teóricos y técnicos". In MOGUILLANSKY, R. J. (org.) *Escritos clínicos sobre perversiones y adicciones*. Buenos Aires: Lumen, 2002.

FÉDIDA, P. "A doença sexual: a intolerável invasão". In *Nome, figura e memória:* a linguagem na situação analítica". São Paulo: Escuta, 1991.

FENICHEL, O. (1945) *Teoria psicanalítica das neuroses*. Rio de Janeiro: Atheneu, 1981.

FERNANDES, M.H. "A hipocondria do sonho e o silêncio dos órgãos: o corpo na clínica psicanalítica". *Percurso*, 12(23):43-52, 1999.

FERRAZ, F.C. A *eternidade da maçã:* Freud e a ética. São Paulo: Escuta, 1994.

________. *Andarilhos da imaginação:* um estudo sobre os loucos de rua. São Paulo: Casa do Psicólogo, 2000a.

________. "A possível clínica da perversão". In FUKS, L.B. & FERRAZ, F.C. (orgs.) *A clínica conta histórias*. São Paulo: Escuta, 2000b.

________. "Uma breve revisão da noção de perversão na obra de Freud". *Pulsional Revista de Psicanálise*, 13(131):5-19, 2000c.

________. "A questão da autonomia e a bioética". *Bioética*, 9(1):73-81, 2001.

________. *Normopatia:* sobreadaptação e pseudonormalidade. São Paulo: Casa do Psicólogo, 2002.

________. *Perversão*. São Paulo: Casa do Psicólogo, 2004.

FERREIRA, A.B.H. *Novo dicionário da língua portuguesa*. Rio de Janeiro: Nova Fronteira, 1986.

FIGUEIREDO, L.C. "Os casos-limite: senso, teste e processamento de realidade". *Revista Brasileira de Psicanálise*, 38(3):503-519, 2004.

FREIRE, J.G. "Uma clínica para a perversão". *Percurso*, 13(25):117-118, 2000.

FREUD, S. (1896) "Novos comentários sobre as neuropsicoses de defesa". *Edição Standard Brasileira das Obras Psicológicas Completas*. Rio de Janeiro: Imago, 1972; v. 3.

________. (1905) "Três ensaios sobre a teoria da sexualidade". *Op. cit.*, v. 7.

________. (1907) "Atos obsessivos e práticas religiosas". *Op. cit.*, v. 9.

________. (1908) "Sobre as teorias sexuais das crianças". *Op. cit.*, v. 9.

________.(1909) "Notas sobre um caso de neurose obsessiva". *Op. cit.*, v. 10.

________. (1913) "Totem e tabu". *Op. cit.*, v. 13.

________. (1914) "Recordar, repetir e elaborar". *Op. cit.*, v. 12.

________.(1916) "Sobre a transitoriedade". *Op. cit.*, v. 14.

________.(1917a) "Conferências introdutórias sobre psicanálise" (Conferência 17: "O sentido dos sintomas"). *Op. cit.*, v. 16.

_______. (1917b) "Conferências introdutórias sobre psicanálise" (Conferência 21: "O desenvolvimento da libido e as organizações sexuais"). *Op. cit.*, v. 16.

_______. (1917c) "Uma dificuldade no caminho da psicanálise". *Op. cit.*, v. 17.

_______. (1926) "Inibições, sintoma e ansiedade". *Op. cit.*, v. 20.

_______. (1927) "Fetichismo". *Op. cit.*, v. 21.

_______. (1930) "O mal estar na civilização". *Op. cit.*, v. 21.

_______. (1931) "Tipos libidinais". *Op. cit.*, v. 21.

_______. (1937) "Análise terminável e interminável". *Op. cit.*, v. 23.

_______. (1940) "Esboço de psicanálise". *Op. cit.*, v. 23.

GILLESPIE, W.H. "Notes on the analysis of sexual perversions". *The International Journal of Psycho-Analysis*, 33:397-402, 1952.

GRANGER, G.-G. *A razão*. São Paulo: Difusão Européia do Livro, 1969.

GURFINKEL, D. *A pulsão e seu objeto-droga:* estudo psicanalítico sonho a toxicomania. Petrópolis: Vozes, 1996.

_______. "A clínica da dissociação". In FUKS, L.B. & FERRAZ, F.C. (orgs.) *A clínica conta histórias*. São Paulo: Escuta, 2000.

_______. "Ódio e inação: o negativo na neurose obsessiva". In BERLINCK, M.T. (org.) *Obsessiva neurose*. São Paulo: Escuta, 2005.

JAMES, W. (1890) "Princípios de psicologia". *Os Pensadores*. São Paulo: Abril Cultural, 1979.

JOSEPH, B. (1971) "Uma contribuição clínica para a análise de uma perversão". In FELDMAN, M. & SPILLIUS. E.B. (orgs.) *Equilíbrio psíquico e mudança psíquica:* artigos selecionados de Betty Joseph. Rio de Janeiro: Imago, 1992.

KANT, I. (1781) "Crítica da razão pura". In *Os Pensadores*. São Paulo: Abril Cultural, 1980.

KERNBERG, O. (1992) *Agressão nos transtornos de personalidade e nas perversões*. Porto Alegre: Artes Médicas, 1995.

________. "Perversão, perversidade e normalidade: diagnóstico e considerações terapêuticas". *Revista Brasileira de Psicanálise*, 32(1):67-82, 1998.

KHAN, M.M.R. (1979) *Alienación en las perversiones*. Buenos Aires: Nueva Visión, 1987.

________. (1988) "Um homossexual desanimador". In *Quando a primavera chegar:* despertares em psicanálise clínica. São Paulo: Escuta, 1991.

LANTERI-LAURA, G. (1979) *Leitura das perversões*. Rio de Janeiro: Zahar, 1994.

LAPLANCHE, J. *Problemáticas I:* A angústia. São Paulo: Martins Fontes, 1987.

________. "A pulsão de morte na teoria da pulsão sexual". In GREEN, A. *et al*. *A pulsão de morte*. São Paulo: Escuta, 1988.

________. *Novos fundamentos para a psicanálise*. São Paulo: Martins Fontes, 1992.

LAPLANCHE, J. & PONTALIS, J.-B. (1967) *Vocabulário da psicanálise*. São Paulo: Martins Fontes, 1986.

LIMA, A.A.S. "O fluxo do tempo". In FUKS, L.B. & FERRAZ, F.C. (orgs.) *O sintoma e suas faces*. São Paulo: Escuta, 2006.

McDOUGALL, J. (1978a) "Cena primitiva e argumento perverso". In *Em defesa de uma certa anormalidade:* teoria e clínica psicanalítica. Porto Alegre: Artes Médicas, 1989.

________. (1978b) "O antianalisando em análise". *Op. cit.*

________. (1982) "A neo-sexualidade em cena". In *Teatros do eu:* ilusão e verdade no palco psicanalítico. Rio de Janeiro: Francisco Alves, 1992.

________. (1995) "Os desvios do desejo". In *As múltiplas faces de Eros:* uma exploração psicoanalítica da sexualidade humana. São Paulo: Martins Fontes, 1997.

MAHONY, P.J. *Freud e o homem dos ratos*. São Paulo: Escuta, 1991.

MALCOLM, R. R. (1970) "O espelho: uma fantasia sexual perversa em uma mulher vista como defesa contra um colapso psicótico". In SPILLIUS, E. B. (org.) *Melanie Klein hoje:* desenvolvimentos da teoria e da técnica. *Volume 2: Artigos predominantemente técnicos*. Rio de Janeiro: Imago, 1990.

MALDONADO, J.L. "Sobre la patologia del alcoholismo y la drogadicción en la experiencia psicoanalítica". In MOGUILLANSKY, R. (org.). *Escritos clínicos sobre perversiones y adicciones*. Buenos Aires: Lumen, 2002.

MARTY, P. (1990) *A psicossomática do adulto*. Porto Alegre: Artes Médicas, 1993.

MARTY, P. & M'UZAN, M. (1962) "O pensamento operatório". *Revista Brasileira de Psicanálise*, 28(1):165-174, 1994.

MASSON, J.M. (ed.) *A correspondência completa de Sigmund Freud para Wilhelm Fliess 1887 - 1904*. Rio de Janeiro: Imago, 1986.

MELTZER, D. (1973) *Estados sexuais da mente*. Rio de Janeiro: Imago, 1979.

NIETZSCHE, F. (1887) "Para a genealogia da moral". *Os Pensadores*. São Paulo: Abril Cultural, 1978.

PENOT, B. (1989) *Figuras da recusa:* aquém do negativo. Porto Alegre: Artes Médicas, 1992.

PEREDA, M.C. Recusa, seu efeito estrutural e sua dimensão patogênica. *Revista Brasileira de Psicanálise*, 30(3):539-545, 1996.

PESSOTTI, I. *A loucura e as épocas*. Rio de Janeiro: 34, 1994.

PIAGET, J. (1964) *A formação do símbolo na criança:* imitação, jogo e sonho; imagem e representação. Rio de Janeiro: Zahar, 1978.

PROUST, M. *À sombra das raparigas em flor*. (*Em busca do tempo perdido*, v. 2). Rio de Janeiro: Globo, 1981.

STOLLER, R.J. (1975) *Perversion:* the erotic form of hatred. New York: Karnac, 1986.

ROSENFELD, H.A. (1952) "Fenómenos transferenciales y análisis de la transferencia en un caso de esquizofrenia catatónica aguda". In *Estados psicóticos*. Buenos Aires: Hormé, 1978.

ROSOLATO, G. (1967) "Estudo das perversões sexuais a partir do fetichismo". In CLAVREUL, J. *et al. O desejo e a perversão*. Campinas: Papirus, 1990.

WINNICOTT, D.W. (1945) "Desenvolvimento emocional primitivo". In *Textos selecionados:* da pediatria à psicanálise. Rio de Janeiro: Francisco Alves, 1978.

________. (1963) "O desenvolvimento da capacidade de envolvimento". In *Privação e delinquência*. São Paulo: Martins Fontes, 1987.

Impresso por :

gráfica e editora

Tel.:11 2769-9056